退行を扱うということ

その理論と臨床

細澤仁

hosozawa jin

日本評論社

まえがき

結局のところ、本を読んでも心理臨床ができるようにはならず、臨床センスが磨かれるわけでもなく、臨床力が向上するわけでもありません。また、臨床はあくまで一回性の出来事が生起する現実であり、それを余すところなく言語的に表出することは不可能です。心理臨床本は、抽象化された臨床の真実性を表出するフィクションと考えるべきでしょう。しかし、その真実性は、著者の先入観（臨床理論とも言います）の投影である可能性もあります。心理臨床について語るという試みはそもそも不可能なことなのかもしれません。この不可能性に無自覚な心理臨床本も数多く存在します。

それでは、なぜ、今、私はそれでも心理臨床にまつわる本を書いているのでしょうか？

私の心理臨床観は治療者と患者のこころの交流を通して何か意味あるもの（あるいは、変化）が生起するというものです。交流は言語的コミュニケーションと非言語的コミュニケーションを介して生起します。そして、その交流が深いレベルで生起するためには退行という現象が必要になると私は考えています。私たちの通常の対人関係においても、その関係が親密なものになればなるほど、そこには退行という現象がついてまわることからも、このことは自明と考えてよいでしょう。本書の目的のひとつは、心理臨床における退行の重要性を読者に伝えることです。しかし、その目的は私が本書で表出する内容を読者のみなさんに言語を介して伝達するだけでは達成されません。

私は本書で、抽象化された読みやすい記述をできるだけ排除し、生々しくも読みにくいある種の現実を提示したいと思っています。その試みが成功しているかどうかは読者のみなさんの判断にお任せするしかありません。私は、読書体験の意義とは、読者のみなさんと著作（著者ではありません）の交流と考えています。私にとって、私の著作は私の一部です。それは自己であるとともに、刊行されると同時に私にとって他者となります。しかし、他者とは言っても、私と深いつながりがあり、私と無縁のものではありません。私が著作を刊行する目的は、私の著作が読者と交流し、読者のこころを喚起することです。読者のみなさんがある意味で退行して、私の著作という遊び場で自由に遊んでいただくことで、その目的は達成されます。

本書と読者の交流が退行水準で生じることを私は切に願っています。

退行を扱うということ

その理論と臨床

目　次

第Ⅱ部　退行の臨床応用

第五章 退行臨床の展開……151

第六章 退行臨床の現在……177

第Ⅰ部

退行理論の先達

イントロダクション

第一部では、「退行理論」の先達の考えを検討する。

「退行理論」の歴史を概観するうえで、精神分析のブダペスト学派の功績は最も重要なものである。ブダペスト学派の祖であるシャーンドル・フェレンツィは、精神分析の開祖であるフロイトに最も愛された弟子であるとともに、フロイトの正当な後継者であった。しかし、理論よりも臨床実践に関心のあったフェレンツィは、精神分析の正統的技法を超えて「技法改革」を行い、その過程で「退行理論」への道を切り開いた。その結果、フェレンツィはフロイトと袂を分かつことになる。そして、フェレンツィの「学問的遺産相続人」がマイケル・バリントである。バリントは、フェレンツィの「退行理論」を洗練・彫琢し、「退行理論」のひとつの完成形を提示した。第一部の第一章ではフェレンツィを、第二章ではバリントを取り上げ、ブダペスト学派の理論と臨床を検討する。ブダペスト学派については、馴染みのない読者も多いと想定されるので、伝記的情報も含めて詳しく解説するつもりである。

ブダペスト学派の影響を受けつつも、独自の「退行理論」を打ち立てたのがドナルド・ウィニコットである。ブタペスト学派の「退行理論」は、さまざまな状況から、精神分析の辺縁に追いやられ、精神分析の主流派からは無視されてきた。一方のウィニコットは、精神分析というきわめて政治的な文化のなかで注意深く振る舞うことで、精神分析の中心に位置し続けることができた。精神分析という枠組みを外れることなく「退行理論」を深めたため、ウィニコットの「退行理論」はその議論の革新性という点では物足りないところもある（これはバリントにも言えることである。フェレンツィの学問的遺産相続人をしてもフェレンツィ以上に革新的であることは当時の精神分析の政治状況から困難だったのであろう）。しかし、逆に一定の枠組みのなかに留まることで、精神分析のみならず一般心理臨床にまで応用可能となっているという側面もある。多くの読者にとっては、ブタペスト学派よりもウィニコットの臨床論のほうがみずからの臨床に取り入れやすいであろう。

そして、「退行理論」という言葉とはまったく無縁だが、「退行理論」に重要な示唆を与えていると私が個人的に考えているジョン・ボウルビィを取り上げる。ボウルビィは言うまでもなく、アタッチメント理論の創始者である。彼は精神分析から出発し、その後、精神分析と訣別し、アタッチメント理論という独自の理論を確立した。アタッチメント理論は、自然科学との相性のよさも相まって、現在は精神分析よりも隆盛となっている。現在の精神分析は科学的であることを拒否し、伝統芸能化しているのだ。これはネガティブな意味合いで言っているのではない。伝統芸能には伝統芸能の真実性があり、そこには臨床上の有用性もある。アタッチメント理論は、直接的には「退行」を扱っていないが、「退行理論」に新たな光を当てると私は考えている。

ウィニコットとボウルビィに関してはまとめて第三章で取り上げるが、ブタペスト学派の章ほど詳細な解説は行わないつもりである。その理由はいくつかある。ウィニコットにしても、ボウルビィにしても、著作

（主著はすべて翻訳されている）や解説本などが多数存在しているので、多くの読書にとって馴染みのある理論家である。伝記的情報もそれらから簡単に入手できる。また、彼らの理論や臨床論はかなり広範囲にわたるため、その全容を記述することは本書の役割を超えている。これらの理由から、本書ではウィニコットとボウルビィに関しては、「退行理論」と関連がある部分に焦点を当てて解説するつもりである。

第一部の最後に、小論として、日本において退行臨床をある意味極限まで推し進めた試みである西園昌久による「依存的薬物精神療法」を簡潔に紹介するつもりである。

第一章　シャーンドル・フェレンツィ——退行理論の始祖

1　はじめに

シャーンドル・フェレンツィは後に公表されることを意識したうえで、一九三二年一月七日に『臨床日記』の執筆を始めた。その最初の文章は「分析家の感情欠如」と題されている。その冒頭の文章を引用する（読者の読みやすさと統一性を考慮に入れ、既訳がある引用に関しては、翻訳を一部改変したもの、および原書から訳し直したものがある）。

型にはまった挨拶の仕方、「何でも話してください」といういつもの依頼、いわゆる平等にただよう注意、こういうことをしても結局のところ何にもならないし、被分析者がやっとのことで口にする感情のこもった報告にこれらで応じることはどうみても不適切で、その効果といえば次のようなものである。(1)患者は分析家の関心の不足や欠如に感情を害する。(2)患者は分析家のことを悪く思うことも嫌うこともしたくないため、分析家の反応欠如をまねいた原因を、自分自身のなかや、自分が分析家に伝えた内容のなかに探し求める。⑶ついに患者はそれまで切実に感じていた内容の現実性まで疑うようになる。[20]

「精神分析の反逆児」であったフェレンツィは、精神分析の基本的な設定である自由連想、中立性、受動性、平等にただよう注意、等々を正面から否定している。フェレンツィの考えが正しいかどうかはさして重要な問題ではない。フェレンツィが、日々の臨床実践を通して「精神分析とは何か？」「精神分析家とは何者か？」という事柄をみずからの内側で徹底的に考え抜いたという事実が重要なのである。精神分析家はある欲望を持っており、そこから自由になることはできない。その欲望は「精神分析をしたい」という欲望である。この欲望が解消されてしまうと分析家であり続けることができなくなる。この欲望は分析家の個人的病理と言ってもよい。もちろん、この欲望を理解することは教育分析（精神分析サークル内部では訓練分析と称されているが、本書は精神分析サークルの外側にいる臨床家にも届くことを欲望しているので、心理臨床全般に通りがよい教育分析という用語を用いる）を通して可能かもしれない。しかし、教育分析を受けたとしても、分析家はこの欲望から自由になることはできない。分析家は分析をすることで日々の糧を得ているのだ。フェレンツィの『臨床日記』の編者であるデュポンはまえがきで次のように述べている。

完全に分析された分析家は、おそらく分析家をやめるだろうと言われている。言うまでもなくこの仮説は立証不可能であるが、それが正しいとすれば、精神分析家は、自らの実践の不完全性の産物である。精神分析が「不可能な職業」という評判を得ているのは、おそらくこのためであろう。その意味ではたぶんそのとおりである。この不可能性を受ける入れることを拒否したことが、『日記』が証言する苦悩と絶望の領域へフェレンツィを導いたのであろう。そして彼はそこから生きて戻れなかったのである。[20]

精神分析サークルの枠内に留まり理論に依拠して臨床実践を行うことを潔しとせず、臨床実践を行いつつ自分の頭で考えることを極限まで突き詰めようとする心理臨床家にとって、フェレンツィの軌跡（生き方と言い換えてもよい）は今なお刺激的なものであり続けている。

2　フェレンツィの生涯

まず最初に、フェレンツィの生涯に関する情報は、基本的にスタントン、[54] ハイナル、[39] 森[46]による卓越したフェレンツィの論評に依拠していることをお断りしておく。

フェレンツィは一八七三年七月七日にハンガリーで生まれた。両親ともポーランド生まれのユダヤ人であり、一二人同胞の八番目であった。フロイトの一七歳年下で、ユングの二歳年上である。父親は書店を経営しており、反権威主義的・革命的思想を支持していた。父親の書店は当地の文化的拠点でもあった。フェレンツィは父親のお気に入りの息子であり、それと同時に、フェレンツィ自身も父親を敬愛していた。一方で母親は厳しい人であり、母子の関係は葛藤的であったという。フェレンツィが一五歳のとき一八八八年に父親は五八歳で亡くなり、父親の死後には母親が書店を経営した。母親は優れた手腕を示し、支店を開くまで書店を発展させた。

ギムナジウムを卒業したフェレンツィは一八九三年にウィーン大学に進学し、そこで医学を学んだ。フェレンツィは、早くもギムナジウムに在学中から催眠に関心を抱き、大学では神経学、精神医学への関心を深めていった。フェレンツィは、遅くても一八九三年にはフロイトの著作を読んでいたことがわかっている。一八九四年には、医学の学位を取得し、オーストリア＝ハンガリー軍の軍医として一年間の軍役を全うした。その後、ブタペストに戻り医業に携わるようになる。一八九八年には、病院において貧困者や売春婦の治療に取り組んだ。彼は自由主義的・社会主義的思想を持っており、そのため、よりよい治療やより健康な社会状態を求めることになる。一九〇〇年には、フロイトの『夢解釈』の書評を依頼されるが、その価値はないとした。一九〇二年には、「女性の同性愛」という論文を発表した。彼は同性愛の権利擁護団体のブタペストにおける代表者ともなっており、法律改正を求める請願書にサインしている。

一九〇六年には、ユングが言語連想テストについての詳細を発表した。そして、この頃にフロイトとユングの交流が始まる。また、フェレンツィもユングに注目し、一九〇七年にはユングに手紙を書き、共同研究を提案した。一九〇七年三月三日、ユングはフロイトのもとを訪れた。その後、ユングはブタペストに向かい、フェレンツィと議論を交わした。六月二八日の日付を持つ手紙で、ユングはフロイトにフェレンツィを紹介した。そして、一九〇八年二月二日、フェレンツィはフロイトのもとを訪れる。フロイトとフェレンツィは意気投合し、フェレンツィはザルツブルクにおける最初の精神分析の国際学会である「第一回フロイト心理学会議」で発表するように勧められた。さらに、八月にはフロイト一家と休日を過ごすよう提案された。一方、この年の五月、ユングはコカインおよびアヘン依存であったオットー・グロスの治療を引き受けている。グロスは当時の精神分析界の昇り行くスターであり、フロイトはユングとグロスのみが精神分析に独創的貢献をなしうると述べていたほどである。ユングのグロスへの分析は、後にフェレンツィが展開する相互分析の源流となった。

一九〇九年にフロイトの長女が結婚したが、そのとき、フロイトは相手がフェレンツィだったらよかったのにという手紙を書いている。この時点で、フロイトがいかにフェレンツィを愛していたかを示すエピソードである。一九〇九年八月には、フロイト、ユング、フェレンツィは連れ立ってアメリカ講演旅行に出発した。クラーク大学の学長であるスタンレー・ホールが大学創立二〇周年記念事業の一環としてフロイトとユングに講演を依頼したのである。フェレンツィはフロイトに誘われて同行することになった。三人はブレーメンで合流し、アメリカに出発したのだが、ブレーメンでの三人の食事会でフロイトの失神事件が起こる。また、アメリカ滞在中にはフロイトの失禁事件が生じた。これらの事件にはさまざまな解釈が可能だが、フロイトとユングの間に相当の緊張関係がすでに存在していたことを示すものであろう。失神事件に関しては、ユング[41]がその自伝のなかで触れているので、そちらも参照していただきたい。アメリカ滞在からの帰国の船上でアメリカ体験を振り返り、三人は精神分析の未来について考えを巡らせ、国際精神分析学会の創立について話し合った。ちなみに、このアメリカ滞在には、当時カナダで働いていたアーネスト・ジョーンズも現地で合流している。ジョーンズは言うまでもなく、その後、精神分析の首都となるロンドンで精神分析運動を根づかせるという偉業を成し遂げた人物である（臨床実践としての精神分析が今現在もかろうじて生き残っているのはひとえにジョーンズの功績であろう）。とともに、フェレンツィの著作が精神分析の世界で現実的にも心理的にも発禁となる状況を作った人物でもある。ジョーンズは精神分析の訓練の一部としてフェレンツィに教育分析を受けている。これは精神分析の世界における最初の正式な教育分析でもある。後述するようにフェレンツィはフロイトに分析を受けている。フェレンツィとフロイト、フェレンツィとジョーンズの関係について思いを巡らせると、教育分析の功罪という問題が浮かび上がってくる。

一九一〇年には、フェレンツィ主導のもと、国際精神分析学会の構想が国際精神分析会議で提案された。本部は当時の精神分析の都であったウィーンではなく、ユングがいるチューリッヒに設置されるという案であった。この案は、精神分析の国際化を望むフロイトの意向に沿ったものであったが、当然ながらウィーンの分析家たちは反発し、主導するフェレンツィが反感を買う事態となった。結局は、フェレンツィの尽力により、一九一一年に国際精神分析学会が設立され、ユングが初代会長となった。

一九一二年には、フェレンツィはメラニー・クラインの治療を引き受けている。これは断続的に一九一九年まで続いた。一九一二年七月には、ジョーンズとフェレンツィが会合を持ち、秘密委員会設立のアイデアを固める。当委員会は、精神分析の発展を見守り、将来における分裂を防止することを目的としていた。フロイトはこれを認め、その他数人（たとえば、アブラハムやザックス等）がメンバーとなった。しかし、この年には、ユングはフロイトの見解に公然と批判的になってゆき、その関係における緊張はますます高まっていった。

一九一三年に、ブダペストに精神分析協会が設立された。フェレンツィが会長となり、それは彼の死まで続くことになる。この年の五月、ジョーンズは、フロイトの勧めに従い、フェレンツィに分析を受け始めた。先ほども述べたが、これが史上初の教育分析である。この年、ユングは精神分析サークルのなかで孤立を深めてゆく。一九一三年の第四回精神分析会議において、フェレンツィはその発表のなかでユングを名指しで批判している。一方のユングも同会議のなかで対立姿勢を明確に表した。大会最期の投票では、ユングは会長として再選されたが、反対票が五分の二あったという。この混乱もあり、一九一四年三月に予定されていた第五回大会は延期され、結局、ユングは国際精神分析学会の会長を辞した。一〇月には、ジョーンズを会長として、ロンドンにおいてロンドン精神分析学会が設立された。

一九一四年に、ヨーロッパで第一次世界大戦が勃発した。そして、同年九月三〇日からフェレンツィはフロイトの分析を受け始める。しかし、この分析は三週間で、フェレンツィの動員により中断となった。その後、彼は戦場にて戦争神経症の治療に従事した。一九一六年には、三週間の休暇の間、フェレンツィはフロイトの分析を再び受け始める。この年、イギリスにおいて、ジョーンズは一一人の患者、および、三人の待機患者を持ち、家や車を買うことができたが、一方、フロイトはフェレンツィ以外の患者を持っていなかった。とはいえ、フェレンツィはユングに代わりフロイトの「皇太子」になりつつあった。一九一八年には、ブタペストで第五回国際精神分析会議が開催された。この大会では戦争神経症がテーマとなる。また、この大会で、精神分析の訓練について教育分析の規程が提案されるとともに、出版局の設立が合意された。すなわち、フェレンツィが主催したブタペスト会議において精神分析の発展の基礎が築かれたのだ。そして、フェレンツィは「あるヒステリー症例の分析における技法的困難」という発表を行い、初めて「積極」技法について触れた。この大会の終わりに、フェレンツィが国際精神分析学会の会長に選ばれる。

一九一九年には、ベラ・クーン率いるハンガリー共産党が政権を樹立する。その際、フェレンツィは精神分析講座の大学教授に就任した。大学において、精神分析講座が開設されたのは史上初めてのことであった。しかし、クーン政権がまもなく崩壊し、ホルティ将軍によるユダヤ人弾圧が始まると、フェレンツィの活動は制限された。そのため、フェレンツィは国際精神分析学会の会長を辞し、会長職をジョーンズに譲る。翌年には、フェレンツィは教授のポストを失い、ハンガリー医学会からも除籍された。

一九二〇年に、フェレンツィはグロデックと出会う。翌一九二一年には、ふたりは親密になってゆく。彼らの間の文通のなかで、フェレンツィはフロイトへの失望について触れている。グロデックは、「エス」という概念を創り出した人物であり、器質的疾患への分析の適用を試みた。フェレンツィは一九二一年以降その死の前年まで、バーデン・バーデンにおけるグロデックのサナトリウムで毎年保養し治療を受けることになる。

一九二三年の秘密委員会において、アブラハムはフェレンツィの積極技法を激しく批判した。一方、フェレンツィは、ベルリン学派は理論的すぎて、臨床を犠牲にしていると批判した、一九二四年には、フェレンツィはランクとの共著『精神分析の発展目標』(21)を出版し、精神分析技法における論争が激化する。フロイトは、当初はこの共著に好意的であったが、ランクが『出生外傷』(51)を出版した後には批判的になった。フェレンツィもランクの出生外傷説には批判的であり、この年『タラッサ』(14)を出版しみずからの考えを公表した。また、この年に、フェレンツィはエリザベス・サヴァーン(『臨床日記』に登場するR・N)との分析を開始する。なお、エリザベス・サヴァーンは、フェレンツィの技法改革に大きな影響を与えた患者である。彼の論文のなかにも名前が登場し、謝辞が捧げられているほどである。彼女がいかなる人物であったのかということに関しては、フォーチュン(23)の論文に詳しいので、そちらを参照していただきたい。

一九二五年の第九回国際精神分析会議において、フェレンツィは「積極的精神分析技法の禁忌」(15)を発表し、積極技法の問題点を論じるとともに、リラクセイションの側面を強調した。この大会では、医師ではない臨床家(非医師分析家)による分析の問題も論じられる。フェレンツィは非医師による分析の有力な擁護者であった。一九二六年には、フェレンツィはアメリカに招かれ、一連の講義を行った。当時のアメリカの精神分析協会は非医師分析家を認めていなかった。そのため、アメリカの精神分析協会とフェレンツィの間にはある心理的距離があった。アメリカ滞在時、フェレンツィはハリー・スタック・サリヴァンと議論を交わしている。サリヴァンは、フロイトの概念に対しては批判的であったが、フェレンツィの著作を高く評価していた。このサリヴァンとの関係を通じて、クララ・トンプソンがフェレンツィの分析を受けることになる。ペリーによるサリヴァンの伝記(48)によれば、トンプソンが初めてフェレンツィのもとを訪れたとき、フェレンツィはサリヴァンの考え方と多くの共通点があったことに驚いたとのことである。サリヴァンとフェレンツィは「トンプソンを介して一種の対話関係を結んだ」のである。

これ以降の歴史は技法の革新をめぐるものである。その詳細については技法の節で説明し検討するので、本節では要点の記述に留める。

一九二八年以降、エリザベス・サヴァーンの分析は困難を増し、相互分析に突入する。一九二九年には、フェレンツィはフロイトとの関係からひきこもり始めた。一九二九年の手紙のなかで、フェレンツィは、精神分析が「病因論において幻想の役割を過大評価し、そして心的外傷の現実性を過小評価」していると批判した。これは明らかに外傷論から欲動論に転換したフロイトへの反逆である。一九二九年の第一一回国際精神分析会議において、フェレンツィは「リラクセイション原理と新カタルシス」を発表するが、非難囂々だったようである。一九三〇年のグロデックへの手紙のなかで、フェレンツィは「私は、重要な患者、「女王様」に一日四時間、時には、五時間を捧げている」と書いている。「女王様」とは、エリザベス・サヴァーンのことである。この頃、後述する「大実験」が行われていたのだ。一九三一年五月には、フェレンツィは「大人と子どもの間の言葉の混乱」の草稿をフロイトに送った。六月のフロイトからの反応は批判的なものであった。また、有名な「キス技法」をめぐる手紙のやりとりで、フェレンツィは深く傷つき、フロイトとの関係は緊迫し、フェレンツィはますますその関係からひきこもるようになる。このやりとりで話題になった出来事に関与する患者がクララ・トンプソンであった。

一九三二年に、フェレンツィは『臨床日記』の執筆を開始した。フロイトとの文通は疎らになった。フロイトは、手紙のなかで「ここ数年、あなたは孤立のなかにひきこもってきた」と書いている。そして、この孤立から抜け出すために、フェレンツィに国際精神分析協会の会長に就任するよう要請した。この年にヴィースヴァーデンで行われた国際精神分析会議の一〇日前にあたる八月二一日付けの手紙のなかで、フェレンツィは会長職就任を拒否した。その文章を引用する。

長く苦悩しつつ躊躇っていましたが、会長への立候補を辞退することに決めました。私がすでにあなたにお伝えしていた動機に、その後、次のような状況が加わりました。私の分析をいっそう深く効果的なものに構築する努力のなかで、私は明確に批判的・自己批判的な水域に入っていきました。この水域は、いくつかの点で、われわれの実践的、そして部分的には理論的な見解について、拡張のみならず修正を余儀なくさせるように思われます。さて、そうした知的気質はどう考えても会長の威厳にふさわしくないという感じがします。会長の主たる関心は、既存のものを保存し、強化することであるべきです。私の内的な感情は、この地位を占めることは誠実ではない、と私に告げているようです。[34]

そして、九月二日に、フェレンツィはフロイトのもとを訪れ、「大人と子どもの間の言葉の混乱」の最終版を読み上げる。彼は九月三日のヴィースヴァーデン会議で発表すると主張したのだ。フロイトは、この論文を発表しないようにと要求した。フェレンツィの論文を聴いた後で、フロイトはアイティンゴンに電報を打っている。そこには、「フェレンツィが声を出して論文を読んだ。毒にも薬にもならず、的外れ。印象は不愉快」と記してあった。この会見は、フロイトとフェレンツィの最後の直接対話となった。フェレンツィは「手をさしのべ、感情をこめてさようならといった」が、フロイトはフェレンツィに「背を向けて、部屋の外へ出ていった」という。[35]

フェレンツィはフロイトの要請を拒否し、ヴィースヴァーデン会議においてこの論文を発表した。発表した際の聴衆の反応は、まったくの沈黙、無視であった。この論文は精神分析のドイツ語雑誌には一九三二年に掲載されたが、精神分析の公用語である英語の国際精神分析雑誌に掲載されたのは一九四九年のことであった。これらのエピソードは、精神分析サークルには本論文に対する相当の抵抗があったことを示している。この大会後、フェレンツィは体調を崩し、悪性貧血と診断された。『臨床日記』は一〇月二日の日付で終わっている。しかし、彼はクリスマスまで患者との分析を続けた。一九三三年になると、彼の状態は悪化し、歩行も呼吸も困難になった。そして、同年五月二二日に永眠した。そのとき五九歳であった。

3 フェレンツィの理論

フェレンツィは精神分析の「反逆児」であった。彼はフロイトの七五歳の誕生日に際して一九三一年にウィーン精神分析協会で行われた祝賀講演「大人との子ども分析」において、「技術的および理論的な観点で皆さんに判断を委ねた提案は、尊敬に足る多数派から、空想的だ、あまりに独創的だ、とあら探しされます」と述べている。フェレンツィはフロイトから「治療狂」と揶揄されたように、その関心は何よりも技法にあった。彼の論文は技法改革を趣旨としたものが多いことからもそのことは明らかである。もちろん、理論に関する思索も彫琢されているが、彼にとって理論はあくまで臨床実践から得られた知見により修正される運命にある仮説であった。少し長いが、彼自身の言葉を引用したい。

深層心理学の有効性に対するある種狂信的な信頼は、時に失敗という結果を私に残しましたが、それは「治療不能」の結果というよりは、私たち自身の不手際がもたらすもののように見えました。これを前提として、私は必然的に、通常の技法では乗り越えられない難しい症例ではその技法に変更を加えることになりました。

ですから私は最も難渋する症例でもあきらめることはすまいと決意し、特に難しい症例の専門家に成長して、そうした症例に長年間かかわり続けました。患者の抵抗は克服不可能だとか、自己愛がその症例で先に進むことを許さないとか、さらには症例のいわゆる砂漠化現象に運命論的に降服するといった判断は私にはどこまでも受け入れられません。患者が少なくとも通って来ているかぎり、希望の最後の灯は消えていないと考えました。[18]

彼は技法に関心があるだけではなく、「精神分析の天才[48]」として名を馳せていた。彼は他の治療者では治癒不能と言われた患者の治療に成功しているとの評判を得ており、世界中から困難な患者が彼のもとに集まっていた。ヘレーネ・ドイチュがステルバに「フェレンツィは馬でも治す」と言ったという逸話がある。さらにライヒが病理的性格特徴を示したとき、ウィーンの精神分析協会はライヒにフェレンツィに分析を受けるよう勧めた。そして、サリヴァンがクララ・トンプソンに、また、フロイトがジョーンズに、フェレンツィに分析を受けるように勧めている。このあたりも彼が治療者として高く評価されていたことを示す事実であろう。

とはいえ、フェレンツィの理論にも検討する価値のある点がいくつか存在する。彼の理論は、時代の影響を受けており、その時代の限界の範囲内にある。しかし、現代に生きる私たちから見ると、それなりに古びているとはいえ、そこには今日的意義も存在する。本書では、フェレンツィの理論において特に重要である「発達論（性理論）」と「トラウマ論」に絞って検討したい。

(a)発達論（性理論）

フェレンツィの性理論が最も彫琢された形で表現されているのは『タラッサ―性器理論[14]』であろう。『タラッサ』の原題は『性器理論の試み』であるが、英訳されたときにこのような書名になった。本書においても英語版を参照し解説しているので『タラッサ』という書名を用いる。フェレンツィはここでフロイトの影響を受けつつも、独自の性理論（厳密には性器理論）を展開している。しかし、まず最初に、フェレンツィの性理論の発展の基盤となった症例ローザ・Kを取り上げる。症例ローザ・Kの意味合いについて関心がある読者はラックマンの論文[49]を参照していただきたい。さらに、その後、フェレンツィの系統的発達論である「現実感の発達段階[11]」を取り上げてから、『タラッサ』に向かうことにしよう。

フェレンツィは、前精神分析期に症例ローザ・Kを論文[10]で取り上げている。ローザ・Kは、女性の同性愛者であるとともに服装倒錯者である。フェレンツィは、ブタペストにある貧困者向けの聖エリザベス病院で精神科医として働いていたときに彼女を治療した。ローザ・Kは、家族、医学コミュニティ、社会全体から拒絶され、非難された。警察沙汰になり、投獄されたこともあった。当時の精神医学において、同性愛については変性理論が主流であった。フェレンツィもその潮流から完全に自由であったわけではなかったが、彼はローザ・Kを一人の人間として見て、人間的観点から理解しようとする。彼はローザ・Kに自伝を書くよう求めた。彼女の困難に満ちた人生を理解するためである。治療者のなかにある枠組みを患者に押しつけるのではなく、患者の主観的体験を重視する姿勢が、このあたりにすでに表れている。この共感的姿勢が後の相互分析という試みに連なっていくのである。ここでは、フェレンツィの理論の基礎には必ず臨床的事実があるという事柄を強調するに留めておく。

さて、『タラッサ』がフロイトの性理論を基本的に踏襲している以上、フェレンツィの性理論について検討する前に、フロイトの性理論を簡単に整理しておこう。

周知のように、フロイトは幼児性欲という概念を提示し、口愛、肛門愛、男根愛の三つの発達段階を区別した。乳児は母乳という栄養物を求めて母親の乳房に吸いつく。そこには口唇やその周辺部から得られる強烈な快感が伴われるということがフロイトの発見であった。フロイトは、口愛を性生活全体の出発点と見なした。そして、大小便を保持したり、排出したりするというコントロールに伴う快感が主たる特徴である肛門愛が登場し、その後、ペニスやクリトリスに性的な快感や関心を向ける男根愛に至る、とフロイトは考えた。思春期以降、大人の性器と性器の結合を目指す性器愛によってこれらの性欲が統合される。フロイトは、この段階を性器統裁と呼んだ。その際、幼児性欲は前駆的な快感（前戯）の形を取り残存する。こうした統合が失われ、幼児性欲自体が大人の性欲の目的となってしまう事態をフロイトは性倒錯と考えた。

この幼児性欲から大人の性欲へという過程のなかにエディプス・コンプレックスという布置が生起する。かなり単純化して言えば、エディプス・コンプレックスとは、異性の親に対する近親姦願望と、同性の親に対する競争、憎悪、親殺しの願望、そして、これらの願望に伴う罰せられる不安という布置のことである。フロイトにとっては、このエディプス・コンプレックスこそが人間に普遍的に存在する本質的な布置であったのだが、フロイトのオリジナルのエディプス・コンプレックス論にはそれほど現代的意義はないと思われるので、この程度の説明に留めておく。

さて、フロイトは、生物学的な源泉に発する性欲動をリビドーと呼び、口唇、肛門、尿道、男根、クリトリスを性感帯とした。すなわち、幼児性欲は、自己の外部に対象を持たず、自己の内部にその対象を持つので、自体愛となる。幼児の自体愛から大人の対象愛へという発達ラインをフロイトは想定していた。フロイトは、自体愛と対象愛に加えて、ナルシシズム（自己愛）という概念を導入した。しかし、フロイトのナルシシズム概念は時代による変遷もあり、十分に推敲されたものとなっていない。また、精神分析サークルのなかでも、ナルシシズム概念は相当に錯綜しており、各学派や各分析家によってその使い方や意味が相当に異なる。フロイトのナルシシズム論は、ウィニコットを取り上げる章で、もう少し詳細に解説することにする。

ここで、フェレンツィの「現実感の発達段階[11]」を取り上げたい。本論文はフェレンツィの発達論を体系的に述べた最も重要な著作と考えられる。

フロイトは、当初支配的であった快感原則が、やがて現実への適応、すなわち現実検討によって抑圧を被るという発達論を提唱した。しかし、その発達過程を詳らかにはしていない。フェレンツィは本論文で、快感原則から現実原則への移行状態の詳細を明らかにしようとしている。

フェレンツィはまず、子宮内の胎児の心的状態から検討してゆく。子宮内の胎児は、保護、暖かさ、栄養を求めるニードすべてが母親によって保証されている。そのとき、胎児は万能を体験する。誕生というイベントを通過した新生児は新しい環境に適応できない。フェレンツィは、そうした状況にある新生児が以前の子宮内状況を取り戻したいと願うと考えた。それを本能的に認識する看護師は、母親の暖かい身体に新生児を置くか、柔らかく暖かい毛布で新生児をくるむのだ。そのことを通して、新生児は母親の子宮内における暖かな保護という「錯覚」を得ることができる。新生児は、以前の無条件の万能から、願望充足を実際に得るためには願望目標を幻覚的方法でつかむ必要があるだけで、外的世界を変える必要はないという状態に移行するのである。新生児は、自身の全願望の満足を想像するだけで実現できるという魔術的能力を持っていると感じる。フェレンツィは、この段階を「魔術的‐幻覚的万能の時期」と呼んだ。看護師の最初の対応が功を奏すると、新生児は落ち着き眠りにつく。フェレンツィは「最初の眠りは子宮状況の再生に成功したことに他ならない」と言っている。フェレンツィは睡眠を退行として捉えているのだ。

やがて、願望充足の幻覚的表象が現実の願望充足をもたらすには不適切と判明すると、幼児は、状況が望ましい方向に変化するように、身体を動かす等の信号を用いるようになる。幻覚的段階は、不快な情動を体験した際には、ぎこちない運動性放出（泣き叫んだり、じたばたしたり）をその特徴とするようになる。幼児は、これらの身振りを魔術的信号として利用するようになる。その信号の命令のもと、満足がすばやく到来するのだ。願望が特定の形を取るようになるにつれ、信号も特殊化してゆく。たとえば、授乳を望むときに、吸う動きを真似する、等。ここから身振り－言語が発展する。幼児が、特定のニードを表現できるようになり、そのニードがほぼ現実的に満足されるようになると、子どもは自分が万能であると体験することができる。フェレンツィは、この段階を「魔術的身振りの助けを借りた万能の時期」と呼んだ。

欲求の程度と複雑さが増すにつれ、幼児が従わなければならない状況や自分の願望が満たされないままである状況が増えてくる。幼児は、外的世界の存在を知るようになるが、いまだそれを自我の一部としている。フェレンツィは、この段階を「アニミズムの時期」と呼んでいる。この時期にいる幼児は、すべてのものに生命があると考え、そのなかに自身の器官や活動を見出すのである。人間の身体と客観的世界の密な結びつきは象徴と呼ばれる。この段階の幼児は世界のなかに自身の身体性のイメージのみを見るのだが、その一方で、身体を通して雑多な外的世界を表象するようになる。この象徴的表象が身振り－言語の重要な達成である。幼児は、愛のある世話を受けている限り、万能という錯覚を放棄する必要がない。幼児が象徴的に対象を表象すれば、その物が現実に幼児のもとに到来するのだ。

幼児が自身の願望や願望対象を表象する際に利用する身体的手段は、特別に重要で他の手段を凌駕するものを達成する。それは発話である。発話のおかげで身振り－言語で達成できる以上の外的世界を所有することができるようになり、また、そのやり方はむしろ簡便である。そのため、発話による象徴化は身振りによる象徴化に取って代わる。私たちが言葉と呼ぶ一連の音声が有する想像力と表象のおかげで、願望を特定するはるかに経済的な概念化や表現が可能となる。さらに意識的思考が発話による象徴化を可能にする。幼児が願望を定式化すると、世話をする準備が整っている母親はできるだけすばやくその願望を満たすのだ。こうして、幼児は自分が魔術的能力を有していると考えるようになる。フェレンツィは、この時期を「魔術的思考と魔術的言葉の時期」と呼んだ。こうした諸段階を経て、現実感が発達し、それに伴い全能感は減少してゆく。

このフェレンツィの発達論が妥当かどうかについては現代の知見に照らし合わせて読者一人ひとりに検討していただきたいと思う。私が本発達論で最も重要と考える視点は、フェレンツィが幼児のこころの発達を可能にするのは幼児の表出を信号として読み取る外的な対象としての母親であるとした点である。フェレンツィにとって、幼児はそれ自体で適切な発達を遂げるものではなく、母親との相互作用（コミュニケーション）のなかで発達するものなのだ。フロイトは、その論文「心的機能の二原則における定式化」[29]で、快感原則から現実原則への移行について論じている。先述したように、フェレンツィの「現実感の発達段階」[11]は、その移行の詳細を明らかにしようとしたものである。フェレンツィは本論文のなかで「心的機能の二原則における定式化」の脚注を取り上げている。フロイト自身によるその脚注を引用しよう。

快感原則に隷属し、外的世界の現実を無視する有機体は、ほんのわずかな時間も生き延び続けることができず、したがって、そうした有機体が出現することなどできるはずがないという反対意見は正当なものであろう。しかしながら、こうしたフィクションを用いることも、幼児が——母親から受ける世話もそこに含めるならば——この種の心的体系をほぼ実現できると考えることで、正当化される。[29]

この重要な脚注に触れている偉大な精神分析家がもうひとりいる。それはウィニコットである。ウィニコットは、「親と幼児の関係に関する理論」[56]のなかでこの脚注についてかなり詳細に記述している。言うまでもなく、ウィニコットは乳幼児のこころの発達において母親の機能を重視した分析家である。そして、ウィニコットの発達論はフェレンツィの影響を強く受けているように見える。小此木は、[47]「ウィニコットは一方でクライン、他方でフロイト、ハルトマン、スピッツ、エリクソンの自我心理学の認識を受け入れ、しかも筆者からみるとフェレンツィの着想を全面的に下敷きにしているようにみえる（奇妙にもウィニコットは、フェレンツィについて一言も言及しないが！）」と書いている。このことの意味合いをここで詳しく論じることはできないが、これも精神分析サークルがフェレンツィを発禁状態にしたという政治的な事態と無縁ではあるまい。

さて、ここでフェレンツィの性理論のひとつの頂点である『タラッサ─性器理論』について検討したい。本書は、フェレンツィの著作のなかでも、最も浩瀚であり、そこで述べられている性理論は興味深いものである。とはいえ、現代の知見から見ると古びてもおり、その詳細を体系的に論じることが読者の役に立つとは思えないので、ここでは本書の「可能性の中心」、すなわち、現代に生きる私たちに意味ある細部を中心に取り上げ論じることにする。

先ほど、フロイトの性器統裁について取り上げた。性器統裁において、幼児性欲は前駆的な快感（前戯）の役割を果たす。こうした統合が失われ、幼児性欲自体が大人の性欲の目的となってしまう事態がフロイトの言う性倒錯である。フェレンツィは本書の初めのほうで射精過程を考察している。彼は、この過程を肛門エロティシズムと尿道エロティシズムの性器エロティシズムへの統合としたうえで、それをアンフィミクシス（本来は、両性の混合、あるいは有性生殖を意味する）と呼んだ。さらに、フェレンツィは「性器はもはや、すべての身体器官からエロティシズムを呼び出す唯一の比類なき魔法の杖ではない」と書いている。性器的アンフィミクシスは一例に過ぎない。こうしたアンフィミクシス理論はフロイトの性理論を踏襲しているとはいえ、正常性発達というドグマを越えて、多様性に開かれた見解である。このような性に対する開かれた姿勢はローザ・K症例にもすでに認められ、フェレンツィのなかに連綿と流れ、おそらくはサリヴァンとの信頼関係につながっていったのだろう。

フェレンツィは、性行為の目的を母親の子宮への回帰とした。すなわち、フェレンツィは、性行為に退行という意味合いを見ているのである。彼は次のように述べている。

全体としての有機体はこの目的を達成するのに、睡眠中にしているように純粋に幻覚的手段を用いる。全体としての有機体が同一化しているペニスは部分的、ないし象徴的にそれを達成する。一方、性的分泌物だけが、自我の代理、そのナルシシズム的分身である性器として母親の子宮に現実に到達する特権を有している。(14)

結局のところ、フェレンツィは、セクシュアリティの発達段階の目標を母親の子宮への回帰とした。この観点から、フロイトによる幼児の発達論が再検討されている。そして、口愛期について議論するなかでフェレンツィは相当に重要な指摘を行った。引用してみよう。

新生児の現実の活動は主として母親の乳房を吸うことに限定されている。実際のところ、初期には、母親が最初の愛の対象を幼児に押しつけるのである。したがって、幼児の場合、一次的な〝受身的対象愛〟と呼んでもよいであろう。(14)

注目すべき点が二点ある。ひとつは、フェレンツィが子どもの発達に果たす母親の能動的機能を重視していたことである。ここに、先ほど取り上げたフェレンツィの「現実感の発達段階」からの発展を汲み取ることができる。もうひとつは、フェレンツィが最早期の対象関係を「受身的対象愛」と呼んだことである。フェレンツィの学問的遺産相続人であるバリントは、フェレンツィの「受身的対象愛」を推敲し、独自の「一次愛」理論を確立した。バリントについては次章で詳しく論じる予定である。

(b)トラウマ論

フェレンツィのトラウマ論を理解するためには、フロイトとトラウマ論の関係を整理する必要がある。まずはフロイトとトラウマというテーマで論を進め、その後、フェレンツィのトラウマ論を解説することにする。

精神分析とトラウマは相性が悪い。このことは精神分析の歴史、および、その理論の発展と関係している。精神分析の開祖であるフロイトは、初期には神経症の病因としてトラウマを重視していた。やがて、彼は誘惑理論を唱えるようになった。誘惑理論とは幼児期の性的トラウマが神経症の病因となるという考え方である。しかし、後に、フロイトは性的トラウマを患者のファンタジーと捉え、欲動論に転向した。誘惑理論という外的現実から、欲動やファンタジーという心的現実にシフトしたのである。この展開により、精神分析はこころの内的世界という広大な土地を開拓することが可能になり、理論、および技法面における著しい発展を遂げることになった。マッソン[45]によると、フロイトの娘であり、精神分析の学派のひとつである自我心理学の発展に偉大な寄与をしたアナ・フロイトは、マッソンの「フロイトが誘惑理論を放棄したのは間違っていたのではないかという見解」に対して、「誘惑理論を維持するということは、エディプス・コンプレックスとともに、意識的、無意識的空想生活の重要性全体を放棄することを意味します。実際にそうしたとしたら、その後の精神分析は存在しなかったと思います」との返事をしたという。こころの深層にある空想の研究が精神分析の理論と技法に偉大な成果をもたらす一方、精神分析は現実のトラウマを軽視するという問題点を臨床スタンスに孕むことにもなった。

フロイトとブロイアーの共著である『ヒステリー研究』が出版されたのは一八九五年であった。この本には、その予告編とも言いうる「ヒステリー現象の心的メカニズム（暫定報告）」[33]が収められている。『ヒステリー研究』の症例を読むと、いまだ精神分析の技法は確立しておらず、この本はフロイトが精神分析を創り出していくプロセスの生々しい記録として読むことができる。そのため、フロイトがこの本において展開している理論は、精神分析理論の萌芽として、つまり、プレ精神分析として位置づけることが可能である。ところで、暫定報告は共著であるが、『ヒステリー研究』のそれ以外の部分はフロイトとブロイアーのどちらが執筆したか明らかにされている。暫定報告はそれぞれの担当部分を分かつことが不可能なため、取り上げるが、それ以外の部分に関しては、この項のテーマがフロイトとトラウマなので、フロイトが担当した部分に限定して取り上げる。

暫定報告において、彼らは、ヒステリーの病因として、心的トラウマを挙げている。彼らはヒステリー患者とのカタルシス法を用いた治療から、「誘因となる出来事に関する想い出を完全に明晰なかたちで喚び覚まし、その想い出に随伴する情動をも目覚めさせ、さらには患者が可能な限り詳細にその出来事について物語り、その情動に言葉を与えたとき、個々のヒステリー症状はただちに消失し、二度と回帰することはなかった」ということを発見した。ヒステリーの誘因となる体験は、「患者の通常の心的状態において記憶からまったく抜け落ちている。あるいは、患者の記憶のなかにはせいぜいその概要しか現存していない」のである。これらの体験は、十分な反応による除去、つまり、除反応を受けなかったがゆえにヒステリーの誘因となる。彼らがトラウマとして捉えた出来事の範囲はかなり広い。彼らは「驚愕、不安、恥、心的苦痛といった苦しみを伴う情動を喚び起こす体験であれば、それらはすべてトラウマとして作用しうる」と述べている。

さて、フロイトは、『ヒステリー研究』の第四章のなかで、ヒステリーのメカニズムとして抑圧を挙げている。そして、抑圧を被る表象は、「痛ましい性質をもち、恥、非難、心的苦痛という情動や侵害されたという感情を喚び起こす」と述べられている。この時点でのフロイトの考えをまとめると、患者がトラウマ的出来事を経験し、自我が病因として働く表象を抑圧すると、ヒステリー症状が発生する、ということになる。

『ヒステリー研究』は、症例記述に価値があり、また、フロイトとブロイアーの共著ということもあり、フロイトの理論面における思考が十分に明らかになっているとは言いがたい。この時期のフロイトの考えについては、『防衛－神経精神病』[24]に比較的詳しいので、その内容を検討したい。この論文は一八九四年に書かれた。つまり、「暫定報告」と『ヒステリー研究』の間に発表された。この論文は、フロイトが後に発展させたメタサイコロジーの出発点とされている。

フロイトはこの論文のなかで、ヒステリーを三つの型に分類している。「類催眠ヒステリー」と「保留ヒステリー」と「防衛ヒステリー」だが、彼は「防衛ヒステリー」に焦点を当て、恐怖症や強迫観念の防衛のあり方についても比較検討している。ここでは、ヒステリーに関する理解に焦点を当てる。フロイトは、「私の分析した患者たちは、その観念生活において和解しがたい出来事が起こるその瞬間まで、こころの健康を享受していた」と述べている。その出来事がトラウマ的であり、その体験や表象や感覚が苦痛な感情を引き起こす。この和解しがたい表象と自我の矛盾を「なかったもの」として処理することが「防衛」である。この作用により、表象は弱いものになるが、分離された興奮量は他の用途に用いられるようになる。ここまでのプロセスはヒステリーも、恐怖症や強迫観念においても同じである。この後、ヒステリーにおいては

「転換」、恐怖症や強迫観念においては「移動」によって分離された興奮量を処理するのである。

この時点ですでに、フロイトがトラウマ的出来事と性的なものを結びつけていることは強調しておく。フロイトはヒステリーに関して、「ヒステリー的分割の核がトラウマ的瞬間によっていったん形成されると、同じ種類の新鮮な印象を経験し、それが意思により築かれた障壁を打ち破るに成功したときはいつでも、その核は補助的瞬間と呼んでもよい別の瞬間に増大するだろう」と述べている。つまり、ヒステリーが直接現れる契機となったトラウマ的出来事の背後に、それと似た状況のトラウマ的出来事の経験がすでにあり、そこで防衛が働き、ヒステリーの分割された核、すなわち病理が生じるということである。発症に至るには、最初の出来事と似たトラウマ的出来事を体験する必要があると彼は考えているようである。

ここでまとめておこう。この時代のフロイトは、トラウマが抑圧という防衛を作動させ、意識が分割されることがヒステリーの病因と考えていた。また、トラウマが病因として作用する際の累積するプロセスについて指摘しており、これは重要な臨床所見であると思われる。

前述したように、フロイトはトラウマ的出来事と性的な事柄の関係を重視していた。その考えが押し進められ、彼は誘惑理論を唱えるようになった。

一八九六年に書かれた『続・防衛-神経精神病についての論評(25)』において、フロイトはまず、『ヒステリー研究』の主張をまとめ、ヒステリー症状はトラウマ的影響を持つ体験に遡ることができ、心的トラウマは患者の性生活と関連していると述べている。そのうえで、その後の精神分析臨床の結果により、「性的トラウマは早期の子ども時代（思春期以前）に起こったことに違いなく、その内容は実際の性器の刺激（性交と似たプロセスを持つ）からなるに違いない」と述べている。彼は早期における性的受動性をヒステリーの特異的決定因とした。ここにおいて、フロイトのトラウマ論は現実の性的トラウマを病因とする誘惑理論という形に結実した。

同じ年に引き続き書かれた『ヒステリーの病因について[26]』のなかで誘惑理論はさらに詳細に論述されている。この論文のなかで、彼はまず、「ヒステリーの症状は患者のある体験によって決定する。その体験とは、トラウマ的なあり方で作用するものであり、記憶痕跡の象徴という形式で、患者の精神生活のなかで再生産されるものである」と述べている。さらに、先ほど述べたトラウマの累積ということに関して、「ヒステリー症状というものは、決してひとつの現実の体験だけから生ずるものではなく、すべての症例において、その現実の体験と関連して呼び覚まされたより早期の体験がヒステリー症状を創り出すことに一定の役割を果たしているのである」と述べられている。そして、精神分析のなかでは、症状から出発して、一連の体験に達すのだが、フロイトは「いかなる症例から、またいかなる症状から出発したとしても、最後には必ず性的体験の領域に到達する」と断言した。さらに、その性的体験は幼児期に属し、それは基本的に大人の側から与えられたものであり、攻撃的な性質を持つと述べている。むろん、子ども同士の性的な行為もあるが、その場合は、攻撃的役割を取る子どもはかつて大人から誘惑された経験を持っている。つまり、現代的に考えると、子どもが子ども相手に性的攻撃を行うという事態には攻撃者との同一化が作用しているということになる。また、フロイトは、幼児期体験にとって重要なのは、任意の感覚印象による性的テーマの覚醒ではなく、「自己の身体に影響を与える性的経験、（広い意味での）性交」なのだと語っている。この論文のなかでフロイトが大人と子どもの性的関係について述べている箇所を引用する。

大人と子どもというような不平等な二人が愛情関係を結ぶという異常な状況下においては、一方の大人のほうは、性的な関係から必然的に生ずるような相互的依存を分かちもつのを避けることはできないが、しかしその際、完全な権威と罰を与える権利をそなえているので、自分の気分を無制限に満たすために、ひとつの役割を他の役割と取り換えることができる。同じ状況下で、他方の子どもは、無力なまま大人の恣意になすがままにされ、あらゆる感覚に対して未熟な状態で目覚めさせられ、あらゆる幻滅にさらされることになる。(26)

以上の記述から、フロイトが現実の性的虐待をヒステリーの病因として捉えていたことは明らかであろう。ただし、彼は性的トラウマの存在だけではヒステリーは発症しないと述べている。性的トラウマの場面が「無意識的記憶」として存在することが必要なのだ。フロイトは、「ヒステリー症状は、無意識的に作動している記憶の派生物なのだ」と述べている。また、彼は幼児期の性体験のもつ病因的役割は、ヒステリーだけではなく、強迫神経症や精神病においても認められると述べている。

その後、フロイトは誘惑理論を捨て、欲動論へ転向した。そのことが明瞭に語られているのは、一八九七年九月六日の日付を持つ、フロイトのフリースへの手紙のなかである。(32) そのなかで、フロイトは「私は自分の神経症学をもう信用していません」と述べている。そして、その理由として、「すべての症例で父親が倒錯の罪を負わされなければならなかったという驚き、ヒステリーが意外に頻繁に起こることがわかったが、その都度同じ条件が維持されているのに対して、子どもに対する倒錯がそのように広がっているとは考えにくいこと」、および、「無意識には現実性の標識は存在せず、そのため真実と情動を備給された作り話とが区別できないという確かな洞察」を挙げている。フロイトは誘惑理論を棄却したのだ。ちなみに、先ほど挙げた誘惑理論が論述の中心的テーマである『続・防衛‐神経精神病についての論評』のなかに一九二四年に追加された脚注がある。そこで、フロイトは誘惑理論を扱った節に触れ、次のように述べている。

（この論文の）この節は、私がそれ以来繰り返し、認識し修正したある誤謬に支配されている。当時、私はまだ、幼年時代に関する患者の幻想と現実の記憶とを区別することができなかった。結果として、誘惑が持つ病因としての因子に、重要性と普遍性を与えた。しかし、誘惑は病因としては重要性も普遍性も持っていないのだ。この誤謬が克服されたとき、私が『性理論三篇』において記述した幼児の性の自発的な表出に対する洞察を得ることが可能になった。[25]

『性理論三篇』[27]は言うまでもなく、幼児性欲を神経症理論と結びつけた記念碑的論文である。つまり、フロイトは誘惑理論－現実のトラウマから、欲動論－心的現実（空想）にシフトしたのである。

フロイトが誘惑理論から欲動論への転向を公式に認めたのは、『性理論三篇』が出版された翌年に発表された『神経症病因論における性の役割についての私見』[28]においてである。この論文のなかで、彼は次のように述べている。

ある偶然から幼児期の生育歴のなかで、大人や他の年長児による性的誘惑が主役を演じていた患者たちが意外に多く私を訪ねてきた。当時、私はヒステリー患者の幼児期についての記憶錯誤と実際の出来事の痕跡とを正確に区別することができなかったから、こうした事件の発生頻度を過大に評価していた。しかしそれ以後、私は多くの誘惑空想を患者の性行動（幼児自慰）の記憶に対する防衛試行として解明することを学んできた。この解明によって性的幼児体験における〝トラウマ的〟要因を強調する必要性は失われた。[28]

この転向の生々しいプロセスは、自伝的精神分析の解説である、『精神分析運動史』[30]と『自叙・精神分析』[31]に記述されているので、それぞれ該当の箇所を引用する。

それに至るまでの途上（幼児性欲の発見）、ある誤謬が克服される必要があった。それは、この黎明期にある科学（精神分析）にとってはほとんど致命的になりかねない誤謬であった。シャルコーがヒステリーの病因をトラウマに求める見解をとったため、そのことに影響され、患者の陳述は現実のことで、病因として重要なものであると容易に受け取られてしまう傾向があった。それらの陳述のなかでは、彼らの症状は早期乳児期の受動的性的体験、はっきり言えば誘惑に起源があるとされた。この病因が、明確に確認された状況において、ありえないことで、矛盾しているという重みのもとで崩れ去ったとき、最初は、どうすることもできず困惑することしかできないという結果に陥った。分析は正しい道を辿り、幼児期の性的トラウマまで遡ったのだが、それらのトラウマは真実ではなかった。（中略）もし、ヒステリー患者が自分の症状を辿って、架空のトラウマに行き着くとしたら、彼らはそれらの場面を空想のなかで作り上げたという新しい事実が浮かび上がる。この心的現実は、実際の現実と並び検討に値する。まもなく、この考えに引き続き、これらの空想は早期乳児期の自体愛的活動を隠蔽し、粉飾し、より高い水準に持ち上げるためのものであるということが発見された。そして、今や、空想の背後に幼児の性生活の全貌が姿を現した。[30]

私はある誤謬に言及しなければならない。（中略）私が当時用いていた技法の影響下で、大多数の患者は幼児期に、自分たちがある大人から性的に誘惑されたという場面を再生した。女性患者の場合、誘惑者の役割はほとんど常に父親に割り当てられた。私はそれらの話を信じ、その結果、引き続いて起こる神経症の根源は幼児期の性的誘惑体験にあることを発見したと考えた。父親やおじや兄とのこの種の関係が、記憶が確かになる年齢まで続いた少数の症例により、私の確信は強まった。（中略）しかしながら、私はついに、これらの誘惑の場面が決して起こらなかったこと、それらは、すべて空想でしかないことを認識せざるをえなかった。（中略）私は自分の発見から正しい結論を導くことができた。つまり、神経症症状は直接的に現実の出来事ではなく、願望に満ちた空想と結びついているのであり、神経症に関しては、心的現実のほうが、物質的現実よりも重要なのである。（中略）この誤謬が消え去ったとき、幼児の性生活の研究への道が開かれたのである。[31]

フロイトが言わんとしていることは、精神分析臨床のなかで、ヒステリー患者が語った性的トラウマは実際の真実ではなく、空想であることを発見し、その空想の意義を、臨床実践を通して検討した結果、幼児性欲を発見したということである。フロイトはあくまで、臨床実践と学問的思考により、誘惑理論から欲動論への転向が生じたと説明している。また、この転向の背景として、当時、フロイトが親密な関係を結んでいたフリースとの間でなされた自己分析と、それを通してのエディプス・コンプレックスの発見があることは多くの研究者の指摘するところである。

この転向が真に学問的な動機からのみ説明しうるかどうかについてはさまざまな議論がある。この点に関しては、伝記的研究から接近可能である。フロイトの伝記はいくつかあるが、フロイトの弟子であるアーネスト・ジョーンズ[40]が書いた伝記はいわゆる正史であり、参考にならない。それよりもいくぶん客観性を持つピーター・ゲイ[36]の伝記もフロイト寄りの記述が目立つ。フロイトの伝記として最も信頼のおけると思われるものはルイス・ブレーガー[9]によるものである。そのなかで、ブレーガーは、この転向に触れ、「外傷という現実からのフロイトの退避は、（中略）空想や「心的現実」の重要性の発見と手を取り合って進行していった」と書いている。伝記は解釈よりも事実の記述を重視するため、最も客観的と思われるブレーガーの手による伝記においてさえ、基本的には学問的動機から説明している。

一方、この転向におけるフロイトの個人的動機に焦点を当てた伝記的研究もいくつかある。もちろん、これらは事実の解釈を含んでいるので、慎重な評価が必要であろう。このような研究のひとつとして、当時未刊行のフロイトの手紙など一次資料からフロイトの転向に光を当てたマッソンによる著書『真実への攻撃――フロイトによる誘惑理論の抑圧』[45]がある。彼によると、フロイトは誘惑理論を公表したことにより、医学の世界において、情緒的にも知的にも孤立していた。この孤立とともに、彼はフリースとの関係の影響を挙げている。フロイトは『ヒステリー研究』の共著者であるブロイアーと親密な関係を結んでいたが、やがて彼はブロイアーと袂を分かった。また、フロイトは医学の世界で孤立していた。そのような状況下で、フリースは唯一の学問的関心を共有できる親友であった。誘惑理論の維持はフリースとの関係に危機を招く可能性があったことをマッソンは指摘している。彼は、「フロイトがこの理論（誘惑理論）を棄却したのは、理論的、もしくは、臨床的理由ではなく、臆病さという個人的理由からである」と述べている。

バルマリは『彫像の男―フロイトと父の隠された過ち』[4]のなかで、フロイトの転向について、フロイトの父が現実に犯した過ちを否認するという機制のなかにその根源を見出している。つまり、誘惑理論から欲動論への転向は、罪があるのは父親ではなく子どもであるという転回だとバルマリは考えたのだ。バルマリの論旨に沿って考えると、フロイトの認識において、神経症を後に発症する子どもは、受動的に外傷を負わされる対象から、能動的に欲動を向ける主体に変化したと言ってもよいであろう。さらに言い換えると、子どものあり方が小児性愛という性倒錯の対象から多形倒錯的な部分欲動を持つ主体に変化したということである。バルマリは、この転換の背後に、フロイトの無意識の葛藤を見た。

クリュルも、『フロイトとその父』[43]のなかで、バルマリと似た論旨を展開している。クリュルは、誘惑理論から欲動論への転向が起こった一八九六年から一八九七年をフロイトの危機と捉え、そのことと、父親の倒錯と関係がある幼児期の移住にまつわる体験は類似の構造を持つという。すなわち、両者とも、性の秘密の探求－探求の禁止と罰の脅迫－罰を受けたことによる衝撃－罪悪感の抑圧－強化された知的行為による罪の代償、という図式を持つ。フロイトが誘惑理論に忠実であろうとすると、父が自分に及ぼしている対人的影響という領域に入っていかざるをえない。しかし、父親のタブーを内在化したフロイトはそれができずに、父の責任を問う誘惑理論から子どもが責任を負う欲動論に転向したというのがクリュルの著作の論旨である。

先ほど述べたように、フロイトの転向に彼の個人的動機を見る研究は、事実の解釈に基づいているので、その評価に対しては慎重な態度が求められる。しかし、フロイトのなかにトラウマに対する客観的ではない態度があったことは確実で、それは、フロイトの愛弟子であるフェレンツィとの関係に象徴的に表れていると私は考える。フロイトとフェレンツィの最終的決裂はフェレンツィがその晩年にフロイトが放棄した誘惑理論に回帰したことが契機としては最も重大な事柄であった。ここからフェレンツィのトラウマ論に向かうことになる。フェレンツィのトラウマ論は彼の生前最後の論文であるとともに彼の到達点となる最良の論文である「大人と子どもの間の言葉と混乱—やさしさの言葉と情熱の言葉(19)」で結実する。本論文の内容をまとめれば、フェレンツィのトラウマ論について解説できるのだが、フェレンツィのトラウマ論は治療論と不可分なので、本論文の要約はフェレンツィの技法論を扱う節で行うことにしたい。本節では、「断片と覚書(13)」および『臨床日記』に記されている断片的記述からフェレンツィのトラウマ論に迫っていきたい。以下の引用はこの二著作からのものである。

フェレンツィはトラウマの作用について、「すぐに克服できないトラウマの直接的作用は断片化である」としている。とすると、フェレンツィも問いを立てているように、この断片化はトラウマの結果なのか、それともトラウマへの防衛なのかという問題が生じる。おそらくその両方の側面を併せ持つと考えてよいであろう。フェレンツィは断片化の利点について触れ、「ある関連に気づいたときに起こる不快感はその関連を放棄すれば避けられる。たがいに相手について知ろうとせず、異なった衝動をめぐって形成されている二つの人格に分裂することで主観的葛藤が避けられる」と述べている。さらに、フェレンツィはトラウマと不安を結びつけている。不安は、自己がトラウマから逃れることも、トラウマを除去することもできないという感覚から生じるとされる。そして、不安が高まると、不安を解き放つために自己破壊（特に意識の破壊）に及ぶ。要するに、外界変容的な方法ではなく、自己形成的な方法で反応するのである。フェレンツィは断片化について次のように結論づけている。

自己の新たな形成は、それに先立って、部分的にでも全体的にでも従来の自己が破壊されなければ不可能である。新たな自我が従来の自我から直接形成されることは不可能であり、それ自体の分解によって生じる要素的な生成物である断片から形成される。[20]

フェレンツィは、現代的観点から眺めれば、トラウマと解離について先駆的に語っていると思われる。

4　フェレンツィの治療論

(a) 積極技法

フェレンツィの技法改革は「積極技法」から始まった。フェレンツィは現在の日本の精神分析サークルからほとんどまったく無視されているため、この「積極技法」に関して後の「リラクセイション技法」と混同されることが多い。フェレンツィの「積極技法」は彼の論文「精神分析における「積極技法」のさらなる拡張」[12]における記述がよくまとまっているので、それを要約したい。

フェレンツィの「積極技法」とは、フロイトの「禁欲原則」、つまり「治療は必ず欲求不満状況の下で行わねばならないという原則」を押し進めたものである。フェレンツィによれば、「積極技法」はふたつの側面を持っている。ひとつは、快に満ちた行為を断念することで、もうひとつは、不快な行為を実行することである。つまり、「積極技法」は、「フロイトの「欲求不満状況」の不断の遵守のもとでの、要請と禁止の系統的提供あるいは実施」ということになる。さらに、フェレンツィは、言語理解発達以前に由来する素材は、想起されることは難しく、再体験によってのみ再生されることを指摘し、「積極技法」は「いまだ潜在的な反復傾向を行為によって明るみに出し」、治療を進展させるのに役に立つと述べている。もちろん、フェレンツィは、「積極技法」に関してある慎重さを示している。彼は、「大多数の患者においては、医師ないし患者の側の特別な「積極性」なしに治療を行うことができますし、より積極的な手段に訴えねばならない症例においても、その採用は必要最小限にとどめるべきです」と述べている。フェレンツィが「積極技法」により、目指したのは、フロイトの技法をフロイトの考えに沿って押し進めることで、治療的展開をより早く、より深くすることにあったと言えよう。この時点では、フェレンツィ自身はフロイトの理論・技法に沿っていると考えており、フロイトからの離脱という意図はなかったと思われる。しかし、ここを出発点にして彼はフロイトから理論的にも技法的にも離れてゆくことになる。

フェレンツィは、臨床実践のなかで、「積極技法」に内在する問題点に気がつく。その問題点を中心に扱った論文が「積極的精神分析技法の禁忌[15]」である。そのなかで、彼は「積極性は、それが不快な欲求不満や要請や禁止を通じて心的緊張を高め、それによって新たな素材を得ようとするものである限り、どうしても患者の抵抗を刺激すること、すなわち分析家に対立するよう患者の自我に迫る」と述べている。さらに、フェレンツィはそのような積極技法が、患者の親子状況の反復になっていることに気がついた。現代的に言えば、積極技法を用いることにより、患者の対象関係が治療関係に再演されると言ってもよいであろう。しかし、フェレンツィは抵抗だけではなく、そこに治療的意義も見出していた。彼は「患者の分析家との関係を分析素材の核心に置き、あらゆる夢、あらゆる身振り、あらゆる失策行為、患者の状態のあらゆる悪化と改善を、なによりもまず転移関係と抵抗関係の表現と理解する」ことが「分析の基礎」であると述べている。この時期のフェレンツィが徹底してヒア・アンド・ナウの転移分析を行っていたことを偲ばせる記述である。彼がはるか以前に現代精神分析が到達した地点にいたということは特筆すべきことである。それとともに、彼がここを超えて進まねばならなかったことを、ヒア・アンド・ナウの転移分析を金科玉条としている現代精神分析はどのように受け止めればいいのだろうか。

(b)リラクセイション技法

この後、フェレンツィは「積極技法」の禁欲性から、「リラクセイション技法」の柔軟性に一八〇度転換する。柔軟性を打ち出した論文「精神分析技法の柔軟性」[16]において、彼は「思いやり」「感情移入」の重要性を強調した。さらに分析家は自分たちの「知の限界の認識を表わすもの」である「謙虚さ」を持つべきであるとしている。そして、彼は記念碑的論文「リラクセイション原理と新カタルシス」[17]において、フロイトの禁欲原則に対して「許容原則」を対置した。彼は、「精神分析はそもそも二つの互いに相反する方法で働いていることが認められるべきです。分析は、禁欲によって緊張増大を生み出し、自由の許容によってリラクセイションを生み出すのです」と述べている。彼によれば、自由連想のなかに「禁欲原則」と「許容原則」がともに働いているのである。そして、フェレンツィは臨床実践のなかでカタルシスの治療的意義を再発見し、それを新カタルシスと名づけた。精神分析は、カタルシスを出発点にしたが、やがてそれを放棄した。しかし、フェレンツィはそれを再び自己の精神分析のなかに組み入れたのだ。

彼はリラクセイション技法の実践のうちにカタルシスの治療的意義を再発見したのだが、そのなかで、もうひとつ重要な事実を再発見した。それは、「病原性トラウマ」である。彼はフロイトが放棄した性的トラウマを病因とするトラウマ論に回帰したのである。フェレンツィは、「私は、子どものエディプスコンプレックスと並んで、優しさとして偽装された大人の抑圧された近親姦傾向をその重要性においてさらに高く評価する方向に今再び向っています」と述べている。さらに、彼は「幼児期の状況と分析状況の類似が反復へと押しやり、両者の対照が想起を促進します」と記述した。彼の理論と治療論が、分析状況に再演されたトラウマ体験を治療関係においてワークするという形に収束したことが理解できる。彼が言うカタルシスは現代的に考えれば、除反応を含む退行となるだろう。そして、彼がこの時点で、解釈よりも治療関係そのもの（あるいは関係性のなかで退行を抱えること）が持つ治療的作用に注目していたことは明らかである。

この治療論は、直接的にはバリントの「新規蒔き直し（new beginning）」に結実し、影響関係は不明だが、ウィニコットの治療論はその末裔としても理解できる。ここにおいて、フェレンツィが理論面でも技法面でもフロイトから遠く離れてみずからの道を歩いていることは明らかとなった。この方向性が最終的に行き着いた地点は、彼の生前最後の、そして、最も美しい論文「大人と子どもの間の言葉の混乱─やさしさの言葉と情熱の言葉」に表出されている。基本的には「リラクセイション原理と新カタルシス」で展開された治療論が彫琢されたものと考えてよいであろう。

(c)トラウマ論への回帰──「大人と子どもの間の言葉の混乱」の要約

フェレンツィはフロイトが放棄した誘惑理論に立ち戻った。フェレンツィが導き出した理論的結論は、すべて彼の臨床実践から得た知見に基づいている。フェレンツィは「大人と子どもの間の言葉と混乱―やさしさの言葉と情熱の言葉[19]」の冒頭で次のように述べている。引用しよう。

フロイト教授の七五歳の誕生日に開催されたウィーン精神分析協会での挨拶で、私は神経症の治療技法における(一部は理論における)回帰について報告しました。私が回帰したのは、患者との治療における悪い結果、もしくは不完全な結果に直面することによってでした。回帰というのは、近年不当にも無視されてきた神経症の病因論におけるトラウマ要因を改めて強調することを意味しています。外因について不十分にしか研究されていないので、「気質」や「性質」といった説明、しばしば、あまりにも安易な説明にあわてて飛びついてしまうことになるのです。[19]

フェレンツィはまず、トラウマのなかでも特に性的トラウマの病因としての重要性を強調している。そのうえで、性的虐待について、「想像をはるかに越える多くの子どもが正真正銘の性的虐待の犠牲となっています」と述べている。

フェレンツィは、発達途上にある子どもは母性的守り、つまり相当量のやさしさがないと一人でいることに耐えられないと言い、その段階を受身的対象愛の段階、あるいはやさしさの段階と呼んでいる。やさしさの段階にある子どもが、彼らが望む以上の愛を押しつけられると病理的な結果がもたらされる。性的虐待はやさしさを求める子どものこころを、大人が情熱、つまり成熟した人の願望と取り違える、あるいは、子どものやさしさを求めるこころを性的に利用することから起こるということになる。フェレンツィは性的虐待が起こる状況として母親との疎遠な関係についても触れている。母親のネグレクトを背景にして、愛情を求める子どものこころを父親が性的に搾取するという構図は現代の私たちにとってもお馴染みのものである。

そして、フェレンツィはトラウマが病因である患者の治療技法に触れている。彼は除反応によって抑圧されていた情動が意識化されると症状が消失するという期待を当初持っていたのだが、そのような技法では持続的効果は生まれず、さらには治療自体がトラウマの反復となると語っている。情動のカタルシスは効果があるのだが、それは一時的なもので、それ自体がトラウマの再体験となるのである。

さらに、フェレンツィは分析状況そのものがトラウマの再演となっていることに気がついた。彼によれば、分析家は職業上の偽善から患者への陰性感情を抑圧しているのだが、患者はそれを感じ取っている、とのことである。この状況は患者の小児期におけるオリジナルのトラウマ状況と似ている。性的虐待を行った大人は罪悪感を体験し、そうした感情を抱かせた子どもにいっそう怒りを感じ、それを抑圧し、子どもに対して過度に道徳的になる。つまり、性的虐待は子どもの誘惑により起こったという合理化がなされ、子どもを非難するという偽善的態度を大人は取るのである。陰性転移を抑圧する分析家の偽善は性的虐待を行う大人の偽善的態度と似ており、そこにトラウマの再演が立ち現れるとフェレンツィは考えたのである。

そして、子どもはトラウマへの防衛として「攻撃者との同一化」を行い、それを通して「大人の罪悪感の摂取」が起こる。このような力動を持っている患者は治療者への陰性感情を表出できず、そのことが治療の進展を妨げているので、治療者はみずからの陰性感情を抑圧せず、理解し、患者とともにそれを検討することが必要であるとフェレンツィは語っている。フェレンツィの主張は、陰性の逆転移の開示とその検討を通して、患者は治療者を信頼するようになり、この信頼が過去のトラウマと現在とを対照的なものとして体験することを助ける、というものである。幼小児期のトラウマと類似の構造を持つトラウマが分析状況で再演され、そのような状況で、虐待する大人の偽善と異なる分析家の誠実さを体験することが患者を癒すと言い換えることが可能であろう。この治療論は本質的には修正感情体験が治癒機序であるという理論のようである。

(d)相互分析

そして、フェレンツィは技法改革の最後に相互分析に行き着いた。相互分析に関しては、フェレンツィは論文のなかでまとまった記述を行っていない。しかし、『臨床日記』のなかにかなりの分量の記述が認められる。それをまとめたい。相互分析はフェレンツィの独創というよりも、おそらく先述したユングとオットー・グロスの相互分析の影響もあると思われるが、その点についてフェレンツィは触れていないので詳細は不明である。

フェレンツィはある患者(『臨床日記』のなかではR・N、実際にはエリザベス・サヴァーン)との治療で行き詰まりを経験していた。フェレンツィは患者の陰性感情を解釈したが、患者は否定し、むしろ分析家が自分に対して陰性感情を抱いていると主張した。そもそも、フェレンツィは分析の開始時点から無意識的に患者に対して陰性感情を抱いていた。患者はフェレンツィの秘めた感情を自分に分析させる決心をしなければ分析は決して進展しないと言い始めた。とうとうフェレンツィがその提案に乗ると、分析はふたたびかなり前進した。そして、相互分析はさらにシステマティックな形で試みられることになる。しかし、システマティックな技法としての相互分析はさまざまな問題を孕み、治療に困難をもたらした。『臨床日記』の記述によれば、フェレンツィはそれらを検討し、最終的にはこの技法を放棄した。むろん、相互分析は技法としてはまったく実行不可能である。私は、フェレンツィのこの試みの本質は逆転移の開示にあると考えている。逆転移の開示は精神分析の世界において論争的なテーマである。フェレンツィは、この点に関して、先駆的な治療的試みを実践したのである。フェレンツィにとって、逆転移の開示は、治療者が患者に対して誠実であることという意味合いを持つ。また、彼はトラウマ論に基づき、真実性を臨床的に重視したこともあり、逆転移の開示をその文脈で理解することも可能である。この相互分析はそれ自体実験的性質を有しているが、その治療構造との関連がきわめて重要である。

(e)「大実験」

この相互分析は「大実験」という設定のなかで行われた。フェレンツィ自身は「大実験」そのものにはあまり言及していないが、弟子であるバリント[3]がその著書のなかでフェレンツィの「大実験」について比較的詳しく語っている。バリントによれば、フェレンツィはある女性患者に対して自分の時間を患者の好きなだけ与えたという。患者は一日に七、八回面接を受け、深夜の面接も行われた。週末にも面接は行われ、休日にも行動をともにすることが許されたと記述されている。「大実験」の本質は治療者が患者のニーズにできうるかぎり応えることである。つまり、「大実験」の技法としての意義は患者が万能的母親を体験する設定を与えるところにあると考えてよいであろう。また、この設定のなかに持ち込まれた素材は「今-ここ」での感情に焦点を合わせて扱われていたようである。「大実験」とは、このような治療構造のもと、相互分析がなされるという無謀と言ってもよい試みであった。

バリント自身および彼の周囲にいた人たちも大実験を行ったようである。しかし、バリントは「大実験」を行った症例で真の治療成功は一例もなかったと述べている。上記のフェレンツィの患者でも「相当改善したが治癒とみるわけにはゆかない程度」[3]であったと記載されている。フェレンツィ流の「大実験」は失敗だった。失敗した理由についてはさまざまな説明が可能である。理論面からの一つの説明は、フェレンツィが「大実験」を行うにあたって想定した治癒機序が誤っていたからであるとするものである。先ほど述べたように、フェレンツィの治療論はある種の修正感情体験である。フェレンツィによれば、陰性の逆転移の開示とその検討を通して、患者は治療者を信頼するようになり、その信頼が過去のトラウマと現在とを対照的なものとして体験することを助ける、とのことである。幼小児期のトラウマと類似の構造を持つトラウマが分析状況で再演され、そのような状況で、虐待する大人の偽善と異なる分析家の誠実さを体験することが患者を癒すとフェレンツィは考えていたのである。この治癒機序に関する信念が誤っていたため「大実験」は必然的に失敗に終わったと考えることが可能である。

さらに、「大実験」が失敗に終わった理由として、この試みが持つ治療者－患者間の境界の破壊、あるいは治療構造の破壊という側面を指摘することもできる。フェレンツィの意図は重篤なトラウマ体験を持つ患者にトラウマ体験とは異なるよい体験を与えるというものであったが、いかなる意図を持っていたにしろ、治療構造の破壊自体が近親者による性的虐待という境界の破壊の再演となってしまっているのである。つまり、フェレンツィがトラウマの再演を避ける意図を持ってしたことが、かえってトラウマの再演を生成させることになったのである。

フェレンツィの失敗後、この「大実験」は省みられることがほとんどなかった。彼の最もすぐれた弟子のバリントでさえ、フェレンツィの治療論を退行から「新規蒔き直し」という独自の観点へ彫琢したとはいえ、「大実験」に関しては否定的見解を取っている。さらには、精神分析が治療構造の遵守を治療者に要求する精神療法理論であること、そして、現実的にはこれが最も大きな理由であろうが、さまざまな理由によりフェレンツィが精神分析サークルで長らく発禁状態であったことも挙げられる。欧米では『臨床日記』の刊行以来、「フェレンツィ・ルネッサンス」とも呼ばれる再評価が進んでいる。[1][7][52][50][38][39] しかし、フェレンツィの臨床実践に関して現代的意義についての議論は盛んであるが、「大実験」の意義をみずからの臨床体験を素材に再考する研究はほとんど見当たらない。そのような状況の輝かしい例外がウィニコットである。この点についてはウィニコットを取り上げる章で論じたい。また、私自身による論考もあるので[37]、関心のある読者は参照されたい。

5 精神分析サークルによるフェレンツィの抑圧

精神分析サークルはフェレンツィを抑圧し、彼の著作を現実的にも心理的にも発禁状態にした。そして、今や、それは無視に取って代わられている。

事実として、フェレンツィの『臨床日記』が出版されたのは、執筆から五〇年以上も経った一九八五年であり、それも原語のドイツ語でも、精神分析の公用語でもある英語でもなく、フランス語であった。フェレンツィの弟子であるバリントが書いた『臨床日記』の序文には、一九六九年に出版の準備が整ったとの記述がある。実際の出版はそれよりもかなり後、そしてバリントの死後であったことを考えると、相当に強力な圧力がかかったことが推察される。その序のなかで、フェレンツィの重要論文が収録されている後期論文集『精神分析の問題と方法への最後の貢献』が一九五五年に出版される際にも、ジョーンズによる抵抗があったと書かれている。ちなみに、ジョーンズによる精神分析の正史であるフロイトの伝記『フロイトの生涯と仕事』第三巻が出版されたのは一九五七年であり、そのなかで、ジョーンズはフェレンツィに激しい攻撃を加えた。そして、このジョーンズのフロイト伝が、精神分析サークルのなかに、フェレンツィに対する心理的発禁として作用することになる。また、ジョーンズが精神分析の都であるロンドンにおいて政治的には最重要人物であったこともこの事態に影響を与えたのだろう。

そのジョーンズは、フェレンツィが亡くなった一九三三年に出版された国際精神分析誌における彼に対する追悼文のなかですでに、フェレンツィは晩年慢性の精神障害を患っており、彼の著作にその兆候が明白に認められると述べている。そして、ジョーンズは先述したフロイトの伝記のなかで、フェレンツィに関して、「精神病の兆候は、フロイトや彼の理論からの離反として表れた。破壊的精神病の種子は、長いこと目には見えなかったが、ついに発芽したのだ」と記述した。ジョーンズによれば、「フェレンツィのこころの健康が重篤な障害を被り」、それが直接的に表れたのは、一九二九年の終わり頃とのことである。ジョーンズは、フェレンツィの晩年の技法改革と理論的貢献は進行性の精神疾患の表れであるとした。つまり、論文で言えば、「リラクセイション原理と新カタルシス」[17]以降の論文はフェレンツィの精神病の産物ということになる。

フェレンツィが晩年精神病状態であったことは、直接接触をもった彼の弟子や同僚により否定されており、また、ジョーンズが精神病の産物とした一九三〇年以降の論文、そして、何よりも『臨床日記』を読みさえすれば、フェレンツィの精神がきわめて明晰であったことは明らかである。「フェレンツィ・ルネッサンス」以降、彼が精神病であったと信じる人はほとんどいなくなったが、フェレンツィが神経症のため、退行ないし混乱状態であったという新しい物語が出現することとなった。ブルームは、一九九四年に発表された論文[5]のなかで、フェレンツィを評して、「死につつある分析家は退行することで、混乱と崩壊に至ることがしばしばある」と述べている。精神病という古い神話に神経症による退行という新しい物語が取って代わったのだ。しかしながら、事実は「フェレンツィが混乱していたという証拠は一切ない[6]」ということである。

なぜ、ジョーンズがフェレンツィを精神病としたのかについては、さまざまな可能性が考えられる。しかし、その多くは憶測にすぎない。この事実に関して、丹念に一次資料に当たり検討したのが、ボノミによる「正気への逃避―フェレンツィの精神機能が低下していたとするジョーンズの主張の再検討[6]」という論文である。この論文のスタンスは、きわめて客観的であり、中立的である。関心がある読者は一読されたい。

『臨床日記』が出版された後、欧米では「フェレンツィ・ルネッサンス」と言われる再評価が進んだ。わが国でも、森の尽力により、『臨床日記』とフェレンツィの後期論文集が翻訳され、さらにはフェレンツィの入門書としても学問的研究書としても読める卓越した解説本が出版され、日本語でフェレンツィの臨床と思索に触れることができる環境は整っている。しかし、私の印象では、精神分析の主流を成している人々はほとんどフェレンツィに関心を持っていないようだ。実際、日本精神分析学会においてフェレンツィの名前を耳にすることはきわめて稀である。

精神分析の主流派による発禁状態などの積極的抑圧は姿を消したが、現状はフェレンツィに関する無関心が支配的であり、関心があるとしても、それは精神分析の歴史の辺縁に位置づけられた過去の遺産としてという程度である。つまり、実際の臨床や思索のなかでアクチュアリティを持つものとしてフェレンツィの技法改革や思索を捉えるという試みはほとんど行われていないように思われる。抑圧は形を変え、今なお続いている。

6　フェレンツィの影響——抑圧を越えて

非常に興味深いことに、アタッチメント理論の始祖であるジョン・ボウルビィによるセミナー『アタッチメントと親子関係—ボウルビィの臨床セミナー』[8]の編者であるバッチガルッピが「あとがき」[19]のなかで「結局、治療者が強く関与するアプローチであればどんなものでも、偉大なる先達フェレンツィを嚆矢としているということか」と述べている。フェレンツィの影響は広範囲にわたる。そのすべてを解説することは本章の範囲を超えているので、ここでは参考文献を挙げるに留める。

まず、最も重要な影響は弟子であるバリントに対するものである。この点については次章で取り上げることと、相当多数の文献が存在するので、ここではハイナル[38]の著作のみ挙げておく。クライン派の始祖となったメラニー・クラインはフェレンツィに分析を受けた（教育分析ではなくあくまで治療を目的とした分析であった）偉大な分析家であるが、フェレンツィから受けた影響についてはフラスカイ[22]とリカーマン[44]による興味深い論考がある。英国学派では本章で先ほど触れたウィニコットへの影響についてはラックマン[50]、ボルゴーニョ[7]、テンネスマン[55]の論考も参照していただきたい。フェレンツィに分析を受けたもう一人の偉大な分析家であり、彼の『臨床日記』にも登場するクララ・トンプソンに関してはシャピロ[53]による批判的検討が重要であろう。現状、フェレンツィは精神分析の世界的中心地である英国よりも、米国（特に対人関係学派）とフランスで評価されている。米国への影響に関しては、ホールンシュタイン[57]の論考を参照していただきたい。また、興味深いところではフランソワーズ・ドルトとフェレンツィをテーマに検討したケリー-レイン[42]の論考がある。さらに、社会心理学者であるフロムに対するフェレンツィの影響を論じたバッチガルッピ[2]の論考も読んでみることをお勧めしたい。

フェレンツィの影響は、精神分析の主流派以外のところでは確実に浸透しているのだ。

第二章　マイケル・バリント――フェレンツィの学問的遺産相続人

1　はじめに

マイケル・バリントは、フェレンツィの最良の弟子であり、フェレンツィの学問的遺産相続人として、フェレンツィを祖とするブダペスト学派のひとつの到達点となった。バリントは、フェレンツィの才気に溢れてはいるが、いまだ生硬なアイデアを彫琢し、自身の治療論として結実させただけではなく、現代に生きる私たちが直接利用可能な臨床上のヒントも与えてくれる。バリントの治療論の核心は、治療者－患者関係のなかで、患者が退行し、退行が基底欠損領域（原初的な二者関係と考えてよい）に到達した後に、前進するというプロセスにある。バリントは、この退行からの前進を「新規蒔き直し」と呼んだ。

バリントのひとつの悲劇は、師であるフェレンツィが精神分析の世界で現実的にも心理的にも発禁状態となったことであった。フェレンツィの著作の権利を相続した遺族はその出版の実務に関してはバリントに任せた。ここではフェレンツィの『臨床日記』の出版の道筋を素描することで、バリントの悲劇の一端を記述することにする。

バリントはナチスの脅威から逃れるために、ブタペストから精神分析の都であるロンドンに亡命した。ロンドンが精神分析の都となったのは、フロイトがロンドンに亡命して、そこで活動していたことが主たる要因であった。また、フロイトの娘のアナ・フロイトが精神分析のひとつの極みである自我心理学の中心人物として活躍していた。フェレンツィの死後、バリントらは『臨床日記』の相当部分を読み、出版は「フロイトとフェレンツィの衝突の直接の余波が収まるまで待ったほうがよい」と考えた。つまり、当時のロンドンの状況はフェレンツィのアイデアを客観的に評価するのに適した雰囲気ではなかったのである。それからかなりの時間が経過した時点の一九五七年にジョーンズによるフロイトの伝記第三巻が出版された。そのなかでジョーンズはフェレンツィに対して、誹謗中傷と言ってもよいレベルの激しい攻撃を加えた。そのため、『臨床日記』の出版に適した環境の成立はさらに遅れることとなった。バリントは一九六九年に『臨床日記』の序文のなかで、出版できる状況が整ったと記した。しかし、実際に『臨床日記』が出版されたのは、バリントの死後一六年経った一九八五年であった。

バリントは、フェレンツィの弟子であるという理由も一部あり、精神分析の主流派から無視されていた。また、この事態の影響かどうかは不明だが、正式の精神分析の臨床研究のかたわら一般開業医の臨床研究に向かった。神田橋は、[6]「一九六七年、（中略）コペンハーゲンで開かれた国際精神分析学会に出席したとき、すでに糖尿病のために視力が充分でないと噂されていたバリントが、フロアから諄々と諭すように語るのに、討論の流れのなかで全く無視されているのが痛々しかった。精神分析の本流から脱落し、分析医としての資格をもたない一般医を集めてそのリーダーになっている人物、といった扱いを受けているような雰囲気であった」と書いている。

日本において、バリントの主著の相当部分がすでに翻訳されているが、その訳者はいずれも精神分析の主流派でないどころか、精神分析と一定の距離を置いている臨床家がほとんどである。この事態には、精神分析がきわめて政治的な運動であるという事実がかかわっているのだが、バリントの理論や治療論が精神分析の枠組みを超えて、広く心理臨床一般に応用可能であるというポジティブな意味合いもあるだろう。精神分析の内部におけるバリントの無視と精神分析の外部におけるバリントの受容という事態は、政治の影響だけではなく、バリントの臨床姿勢からの必然でもあった。

バリントの業績は純粋精神分析に留まらず、応用精神分析（精神分析を一般開業医臨床に応用する試み）にも及んでいる。応用精神分析におけるバリントの貢献も、バリントの思索の全体像を理解するうえではきわめて重要なのだが、本書においては退行臨床との関連が深い純粋精神分析におけるバリントの貢献に焦点を当てる。

2　バリントの生涯

まず最初に、バリントの生涯に関する情報は基本的にハイナル(5)に依拠していることをお断りしておく。また、スチュワート(8)、スクラー(7)、中井(3)も参照させていただいた。

マイケル・バリントは、一八九六年一二月三日にハンガリーの首都ブタペストでユダヤ人家系に生まれた。そのときの姓はバーグスマンであった。父親はブタペストのヨゼフシュタットで一般開業医をしていた。マイケルは、父親をとてもよい医師ではあったが、医学の限界に失望しており、科学的野心をもっていなかったと評している。父親は中等学校で外国語としてハンガリー語を学んだ。父方祖父はハンガリー語が流暢であったが、父方祖母はドイツ語しか話せなかった。バリント一家は数世代をかけてハンガリー人となっていったのだ。ヨーゼフ二世の統治下で、ユダヤ人はドイツ語的な姓を名乗ったのだが、ナショナリズムの高揚により多くのユダヤ人がハンガリー語的な姓に変更した。マイケル自身、よりハンガリーらしい姓であるバリントに改名した。それとともに多くの中流階級のユダヤ系のハンガリー人と同様に、ユニテリアン派に改宗した。中等学校時代には、旺盛な読書家であり、図書館に足繁く通っていた。

エミーという一歳半年下の妹がおり、彼女は数学の研究を行った。彼女の学友には、マーガレット・マーラーとアリス・セーケイ＝コヴァーチがいた。マーラーは後に早期母子関係の研究から分離－個体化理論を体系化した。アリスは将来バリントの妻となる人であった。

バリントは、父親の要請もあり、医学部に入学した。その直後に、第一次世界大戦のため、徴用され兵役に就き、前線のロシア、続いてイタリアのドロミテ＝アルプスに派遣された。その際、彼は親指に傷を負った。除隊目的で故意に傷つけたと疑う向きもあるが、生来の好奇心ゆえに、手榴弾を分解しようとして負傷したと説明する者もいる。ともかくも、彼は二年半ぶりに研究に復帰した。彼は生化学と物理学に特別関心を抱いていた。一九一八年には、バリントは医学教育を修了し、医師の資格を得る。彼は、フェレンツィが一九一九年に開催した精神分析課程に参加した。学生時代には、バリントは『夢解釈』と『日常生活の精神病理』に対して批判的であったが、その後、二一歳時には『性理論三篇』と『トーテムとタブー』に打ちのめされたと語っている。個人の性機能の発達と人間関係の発達という二つの方向性を有する研究はその後のバリントの関心の焦点となり続けた。

バリントは、医学教育を修了してすぐにアリスと結婚した。二人にとって、『トーテムとタブー』は特別であった。バリントは、「私たちは『トーテムとタブー』に対する熱狂を共有することから始まり、一九三九年の彼女の死まで、私とアリスはともに、読み、研究し、生き、働いた」と書いている。[1] 彼らの関係は調和に満ち溢れ、分かちがたいカップルであった。アリスの死後、一九五三年に、イーニド・アイヒホルツとの結婚により、バリントはこの関係を再建する。

ベラ・クーンの共産主義共和国の崩壊後、バリントたちは人種差別的な反革命党派の標的となる。ブタペストの政治状況から、バリント夫妻はベルリンに住むことにした。一九二一年にバリントは、後にノーベル生理学・医学賞を受賞することになるオットー・ヴァールブルク生化学研究所の助手となる。また、ベルリン精神分析インスティテュートで半日働いた。生化学で博士号を取得してから、バリントはベルリン・シャリテ病院で心身症の治療を始める。彼は、精神分析の歴史のなかで、心身症の分析を行った最初の人物となった。

当時のベルリン・インスティテュートの会長はカール・アブラハムであり、治療センターの所長はマックス・アイティンゴンであった。メラニー・クラインも一時期ベルリン・インスティテュートに在籍していた。その後、ヘレーネ・ドイチュもウィーンからベルリンにやってきた。バリントは、当時の雰囲気がとても刺激的であったと回顧している。バリントは一九二二年にハンス・ザックスの分析を受け始めたが、その分析を教化と感じ不満を抱いていた。ザックスとの分析は二年で終了した。一九二四年、バリント夫妻はブタペストに戻り、二人ともフェレンツィの分析を継続することに決める。フェレンツィとの分析は、一九二六年にフェレンツィがニューヨークに招聘されるまでの二年間続いた。この分析経験のなかで、バリントは真に分析家となったと感じたようだ。一九二四年から二六年にかけては、彼は微生物学と化学の論文を書いていたが、一九二六年以降は、精神分析の論文を刊行するようになる。

ブダペストに戻り、バリントは大学病院の医学部門で二年間研究助手をした。バリントは心身症に対する分析を継続したかったようだが、さまざまな状況から困難であった。

バリントはハンガリー精神分析協会の会員となる。その後、バリントは、一九三一年から三五年の間には、ブダペスト精神分析インスティテュート（初代会長はフェレンツィである）の副会長となり、三五年から三九年の間は会長となった。彼は、一九三〇年の精神分析外来クリニックの設立で重要な役割を果たした。本クリニックは、公的助成を受けず、主として個人寄付によって成り立っていた。バリント夫妻はクリニックのビルの四階に住んでいた。このビルの所有者は建築家であるフレデリック・コバックスであり、彼はアリス・バリントの母親の二番目の夫であった。

一九三二年にゲンベシュが政権を握ると、ヒトラー支持のハンガリー政府は反ユダヤ主義的様相を呈するようになる。ハンガリー精神分析協会主催のあらゆる会合やセミナーを警察が監視する事態となった。政治状況は日に日に予断を許さないものとなっていった。しかし、この時期、後の「バリント・グループ」の萌芽と考えられる一般開業医も対象としたセミナーが開催される。

一九三八年のオーストリア併合後、フロイト一家は英国に避難する。バリント一家も後に続いた。バリントは、アーネスト・ジョーンズとジョン・リックマンに援助を求めた。一九三九年、バリント一家は英国のマンチェスターに到着し、そこに居を構えた。

一九三九年八月二九日、アリスは突然亡くなった。死因は動脈瘤破裂である。享年四〇歳であった。マイケルとアリスはその異常の存在を知っており、突然死の可能性の影のもと、生活していたのであった。

バリントは、マンチェスターに留まり、英国医師免許を取得する。彼は、「早期乳児期における個人差」という論文を作成し、マンチェスター大学から心理学修士を授与された。彼の発見のひとつは、乳児が一定の個人的吸啜リズムを有しているということであった。一九四四年から四五年にかけて、マンチェスター北王立病院の顧問精神科医、および、二か所の児童相談クリニックの所長に任命される。

一九四四年七月に、バリントは再婚した。しかし、彼らは一九四七年三月には別居し、一九五二年には正式に離婚している。一九五三年に、イーニド・フローラ・アイヒホルツ（旧姓アルブ）と再婚するまで、バリントは困難な時期を過ごしていた。

一九四五年、バリントに両親の痛ましい死が知らされた。両親はハンガリー・ナチスに逮捕される寸前に自殺したのだった。一九四五年一月一五日、彼はアリスの妹に手紙を書いた。次に引用する。

私が長いこと自分の父親のことを無視してきたのは本当のことです。私たちはうまくいったためしがありません。仲がよいとはとうてい言えない間柄でした。でも、私の知性、私の論理的思考、私の仕事の能力は父親から受け継いだものなのです。私は母親を大変愛していました。彼女は、人生とはなにかということをよく理解していました。物事がうまく運ぶことはありませんでしたが、それでも彼女は希望をもち続けました。(5)

一九四五年一〇月、バリントはロンドンに転居した。そして、一九四七年一〇月には、彼は英国民となる。それ以降、バリントは精神分析を実践し続けた。同時に、タヴィストック・クリニックでコンサルタントとして働きつつ、グループ・ワークに関心を持つようになった。師であるフェレンツィのように、彼も人間関係の実験を実施している。彼の実験は、患者との無意識的相互作用について医師に気づかせるという意図を持っていた。彼の目的は、精神分析の洞察を精神療法の介入を改良するために用いることであった。バリントはこの主題に関して多数の論文や著書を刊行している。そのなかには単著もあるが、イーニド・バリントや他の著者との共著も数多くある。

一九四八年から一九六一年にかけて、バリントはタヴィストック・クリニックで働いた。一九四七年、後にバリントの妻になるイーニドは家族福祉協会で働いていた。彼女は、結婚生活に困難を抱える人々への援助技法を発展させるとともに、そうした技法の使用についての訓練方法を発展させる際に、タヴィストック人間関係研究所とタヴィストック・クリニックに援助を求めた。一九四八年には、ソーシャル・ワーカー向けのセミナーが開催され、家族問題局が設立される。一九四九年前半、タヴィストック・クリニックに出勤したバリントは、本プロジェクトへの参加を求められた。マイケルとイーニドは、協力し「症例検討セミナー」を開催する。二人は、ソーシャル・ワーカーのための訓練プログラムを発展させたが、ここから一般開業医向けのプログラムが展開し、また他の専門職の心理的訓練にも採用されるようになっていった。

その後、バリントは、日常臨床で出くわす情緒的問題に対する理解を深めたいという希望を持つ一般開業医のための「研究兼訓練」セミナーを組織する。一九五〇年秋に、彼はロンドンで一般開業医向けのセミナーを開始し、残りの人生を通してその活動を続けた。一九五二年、バリントは、家族計画協会と協力し、精神性的障害の治療についても同様のセミナーを開始する。一九五五年には、彼は、短期焦点精神療法を発展させるため、ワークショップを立ち上げた。こうした時期でも、彼は少なくとも一日六時間、精神分析を実践していた。

一九六一年に彼は六五歳でタヴィストック・クリニックを退職したが、ロンドンのユニバーシティ・カレッジ病院のスタッフになる。一九六八年まで、彼は一般開業医向けのセミナーを開催しただけではなく、医学生の訓練にも自身の方法を適用した。一九六九年には、バリント・グループの一般開業医たちは、この仕事の議論や向上を目的としたバリント協会を発足させる。バリント協会は世界中で発展していった。一九五八年以降、彼はオハイオのシンシナティで客員教授となり、当地を訪れた。また、英国心理学協会の医療部会の会長であった。英国精神分析協会においてもいくつかの要職を務めた。

バリントは軽度の糖尿病を患っていたが、食餌制限以外の治療が必要となるものではなく、おおむね健康であった。しかし、晩年、彼は緑内障を患い、二回手術を受ける。彼が最初の心筋梗塞を起こしたのは一九五五年であり、二回目は一九七〇年一二月（七四歳）のことであった。彼は回復し退院したのだが、その二週間後に急死した（急性心室細動が死因と言われている）。

3　純粋精神分析

本節では、主としてバリントの三冊の主著『一次愛と精神分析技法』[1]『スリルと退行』[2]『治療論からみた退行—基底欠損の精神分析』[3]を取り上げて解説したい。ここにフェレンツィから受け継いだものを発展させ、独自の理論と治療論を練り上げたバリントの軌跡が見て取れるだろう。本書を読み、こころが喚起された読者はこれらの著作に直接触れていただきたい。

(a)『一次愛と精神分析技法』（一九五二年）

本書の位置づけに関して、バリント自身が本書の序文で次のように述べている。少し長いが、本書の位置づけを理解するうえで有益なのでそのまま引用する。

私はフロイトの『夢解釈』と『日常生活の精神病理』とには高度にアンビヴァレントな批判的態度をとっていたけれども、

二一歳のある日、『性理論三篇』と『トーテムとタブー』とによって断固かつ決定的に精神分析の虜になってしまった。この二書に代表される研究の二つの方向、すなわち個人の性機能の発達と人間関係の発展とは、とる形はさまざまであっても、以来、私の関心の中心の座を占めてきた。医学の世界から来て、精密科学への偏愛があって、それによる強い偏向を持っている私であるために、この二つの問題に対する私の接近法は主として——絶対にそれだけというのではないが——臨床観察をとおすという方法である。これは、分析状況の圧力下によって患者の中に起こる過程の発展と変化との研究である。ということは精神分析家の技法とそれに対する患者の反応を研究するということである。

本書は、一九三〇年から一九五二年の間に執筆した論文を集めたものであり、主題は人間のセクシュアリティと対象関係と精神分析技法の三つであるが、この三つは密接に絡み合っている。些細な文章の推敲以外は雑誌掲載のままにしたので、私自身の発展をかなりよく反映してくれるものと思う。私が今この論文集を刊行する決心をした理由には、最近の二論文、すなわち「愛と憎しみについて」と「新規蒔き直しと妄想抑鬱症候群」とによって私の発想はある完成度に到達したと思うからである。(1)

『一次愛と精神分析技法』は、欲動と対象関係、技法の問題、訓練の問題の三部構成となっている。第一部である欲動と対象関係のなかに「愛と憎しみについて」が、第二部である技法の問題のなかに「新規蒔き直しと妄想抑鬱症候群」が収められている。『一次愛と精神分析技法』に収録された論文すべてを解説することは本書の範囲を超えているので、ここではこの二論文に加えて特に重要な論文である「リビドーの前性器的編成の理論に対する批判的覚書」「自我の初期発達段階、一次対象愛」「性格分析と新規蒔き直し」「治療目的と技法との変遷」を本書の収録順に取り上げることにする。

【「リビドーの前性器的編成の理論に対する批判的覚書」(一九三五年)】

本論文のテーマは、バリント自身が明示しているように、「対象関係の発達、すなわち愛の発達」である。フロイトが『性理論三篇』で提示した幼児性欲発達論の定式の修正が目的とされている。フロイトは性的目標の発達と性的対象関係の発達を平行するものと見なしたが、バリントはこの平行説を棄却し、愛の発展を独自のものとした。

バリントは、対象関係をこころの最深部に見ており、自体愛的満足の諸形態を「他愛のない戯れ」ないし「妥協形成」と見なした。性格障害の分析作業で出現する治療の最終段階「新規蒔き直し」で最初期の対象関係の本性が明らかとなる。その形式は全面的に受身的であり、「患者は愛することではなく、愛されることを願うのである」。この願望は「エロス的」ではなく、「やさしい」ものである。バリントは、この願望が「満たされないと熱情的な反応を呼び起こすが、逆に満たされると、ただ、静かで穏やかな「いうことなし」の感じが起こるだけとなる」と述べている。

さて、バリントは、この受身的対象愛という一次的傾向性を「私はいつも、どこでも、あらゆる形で、私の全身体を、全存在を愛してほしい、それも一切の批評がましさなしに、私の側から僅かにでも無理する必要なしに」というありようと説明し、「これがすべてのエロス的努力の最終目標である」と述べている。この観点に立てば、肛門サディズム的、男根的、性器的対象関係は、生物学的基盤を持つものではなく、社会的基盤を持つものとなる。さらにバリントはナルシシズムについて批判的検討を加える。受身的対象愛が最深部に存在するとするならば、ナルシシズムは受身的対象愛の挫折に対する反応として生じることになる。つまり、「世界のほうが十二分に私を愛してくれず、満足を与えてくれないならば私が私自身を愛し満足させてやる他ないではないか」ということである。したがって、ナルシシズムは基本的に二次的なものである。

バリントはフロイトの一次ナルシシズム概念を否定している。バリントはナルシシズムを受身的対象愛の迂回路と見なしたが、もうひとつの迂回路が能動的対象である。つまり、「われわれはわれわれのパートナーを愛し、満足させてやるが、それはお返しにパートナーに愛してもらい、満足を与えてもらうためである」ということである。

この論文を読めば、バリントが、フェレンツィの発達論に依拠しつつ、それを独自に発展させ始めたことがわかるだろう。

【「自我の初期発達段階、一次対象愛」(一九三七年)】

バリントによると、分析の仕事が相当の深さに達すると、患者はある種の原初的な願望充足を期待し、要求するようになる。分析家が受動的態度を取ることで、その願望充足が挫折すると、患者は心的安全感の喪失、無価値観、絶望、失望、等を経験する。そこには、攻撃性、サディズム的幻想、等が入り混じっている。そうなると報復される恐怖が生じる。しかし、患者の願望が満たされると、患者は躁的になり、願望充足を繰り返し求めるようになる。症状は見かけ上改善するが、欲求充足が挫折すると、絶望、怒り、報復への恐怖がふたたび出現する。

バリントの観察によると、こうした願望は対象指向的であり、満足が適切な瞬間に適切な程度で達成された場合には、「いうことなしという静かな穏やかな感覚」が生じる。彼はこうしたあり方を最も原初的なものとした。この最初期の対象関係は受身的性質を有している。さらに、バリントは「新規蒔き直し」の時期に患者が身体接触を求めるという事実に言及し、乳幼児期におけるしがみつき行為を多くの対象関係の前駆段階とした。

バリントは、こうした対象関係を「一次的対象愛ないし原初的対象愛」と命名した。この段階は回避できない必要不可欠なこころの発達段階であり、その後のあらゆる人間関係はここから生じる。この対象関係は性感帯に結びついていない。この原初的対象関係の生物学的基盤は、母親と子どもの間の欲動的な相互関係にある。バリントは、「両者は相手に依存し合いつつ、同時に波長を合わせあってもおり、お互いに相手によって自分を満足させているが、どちらも相手にわざわざ気を遣わせなければならないわけではない」と述べている。こうした母子の緊密な結合性があまりに早い時期に引き裂かれると、しがみつきの傾向が生じる。しがみつきの傾向が満たされると、「静かで穏やかな、いうことなしという感覚」が生じる。逆に、禁止されると激烈な反応が引き起こされる。

本論文でも、バリントは一次ナルシシズムを徹底的に否定している。バリントは、「一次ナルシシズムは臨床的に決して観察されたことがない」と言い、「臨床的に見ることができるのは、必ず二次ナルシシズムのみであって、それもまた原形をとどめぬまでに歪められた対象愛の残滓と混ざりあっている」と述べている。

【「愛と憎しみについて」(一九五一年)】

バリントはまず、原初的愛と成人の愛を区別している。彼によれば、「愛の形には成熟したものと原初的なものの両方があるのに対して、不安は(そしてある程度は憎しみも)原初的な形でしか存在しない」のである。

原初的愛においては、幼児が対象に絶対的に依存している以上、すべての要求を適切に、そしてタイミングよく満足させることが決定的に重要である。バリントは、ここで「貪欲」という言葉を用いることに反対し、幼児にとって対象と欲求充足が絶対的に重要であると述べている。それゆえ、幼児は譲歩できない。そのとき、「対象は文字どおり一個の物に過ぎず、またそのようなものとして扱われなければならない」のだ。さらに、この原初的愛には全能感が伴われる。以上をまとめて、バリントは原初的対象関係には次の三つの成分が含まれるとした。「絶望的な依存と〝全能感〟によるこの依存の否定、そして対象を単なる対象すなわち物として扱い、あってあたりまえのものとすること」の三つである。また、原初的対象関係は非性的である。

原初的対象関係の底には現実吟味の欠陥がある。原初的対象関係が成熟した関係に変わるためには、次のような一連の作業を要する。まず、対象から自動的に満足を得ることが期待できないことをわかる必要がある。そして、この認識が引き起こす抑鬱に耐えなければならない。さらに、対象を協力的なパートナーに変えるために、対象が期待しているものを対象に与えなければならないという事実を受け入れなければならない。すなわち、対象自身も一つの相互的な行為のなかで同時に満足させなければならないのだ。こうした作業を、バリントは征服作業と呼んだ。征服作業がうまくいき、それに続く維持作業が適切十分であれば、相互性の基盤のうえに愛と調和が発達する。

ここから、バリントの思考は憎しみに向かう。彼は、「憎しみは原初的対象愛（つまり古型の依存的愛）の最後の残り滓であり、その否認であり、それに対する防衛である」と述べた。つまり、大切な人が自分を愛してくれない場合に、その人を憎むのだ。ここから、愛は憎しみに容易に変わるが、憎しみから愛に戻るのは困難という事態が理解可能となる。すなわち、愛から憎しみへの変化は主観的な精神内界の過程であるが、憎しみから愛への変化には、対象が愛してくれるパートナーになるという外的現実が必要となるのである。このあたりの記述から、バリントが憎しみを基本的に二次的なものとして考えていることが見て取れる。

【「性格分析と新規蒔き直し」（一九三二年）】

本論文の冒頭で、バリントは、症状が消失した患者がなお分析を継続するのはなぜかという疑問を提起している。バリントの回答は、「不安なしに愛する能力を得たい」という無意識的願望があるから、というものである。こうした症例は、性的興奮がある一定以上に高まると強烈な不安を感じ、それに耐えることができないのだ。精神分析の作業により、この不安は幼児期の状況に遡ることができる。すなわち、大人が子どもに年齢不相応の強烈な性的興奮や快感を呼び覚ましたのである。また、子どもを冷たく扱う親や厳しく扱う親の場合も、同じ結果が生じるという。

子どもが性的興奮を幼児特有の性表現でありのままに表現すると、親はそれを拒否して道徳的な説教をする。すると、子どもは強い性的興奮全般に対する不安が生じる。すなわち、「他の人間の前で興奮することは危険の同義語であり不安を備給されているものとなる」のだ。

そうした患者の治療目標は、「幼児期の最初期にできたのと同じように愛の享受に不安なく〝無邪気に〟没頭できるように」なることである。そのため、分析家はみずからの逆転移をコントロールし、「分析関係をその細部の細部にいたるまでできるだけ患者の側から一方的につくりだせるようにさせなければならない」。幼児期の状況が治療関係で再現されると不安が生起する。その際、患者が自分の耐えられる興奮と緊張の量を自己決定することが重要となる。

こうして緊張を形態と量と時期とを適切に選んで意識的に引き起こすと、強い情動の爆発が起こり、それまで接近不可能であった記憶の断片が浮かび上がる。しかし、そこで洞察が生じたとしても、それだけでは十分ではない。「患者はもう一度無心に、無条件に、ちょうど幼児だけができるような愛し方で愛することができるようにならなければならない」。こうした現象をバリントは新規蒔き直しと呼んだ。患者はリビドーの発達過程を逆に辿り直し、幼児的な愛の行為を繰り返したいと求め、その後、不安が消え、患者は不安に結びついていた願望を認識する。その後、その願望を現実のなかで実現するか、最終的に断念するかいずれかを選択する。バリントは、「新規蒔き直しが一度訪れるだけで分析の仕事が終了することはまれである」と述べている。彼は、フロイトのワーキング・スルーを「不安なき新規蒔き直しの追求」と同じものとしている。

さらに、バリントは性格分析の問題について論じている。彼は、「性格とは愛と憎しみの対象に対する人間の挙動を規定しているものである」と述べている。そして、「性格の一つの機能は、人を――不相応に大きな――性的興奮すなわち愛から守ることにある」と言っている。この目的を達成するために、人間は自分の愛への準備性と性的興奮と享受への参加を硬直的な制約に縛りつけるのである。この制約が性格特徴である。精神分析は、患者に性格特性の起源とそれが防衛手段であることを教える。バリントは、「性格分析の課題は、外から押しつけられて硬直化した、愛と憎しみのさまざまな拘束条件から人間を解放することにある」と述べている。

【「治療目的と技法との変遷」(一九四九年)】

本論文で、バリントはまず、フロイトの治療目的の変遷について解説している。当初の治療目標は次の三つの定式であった。「患者の抵抗を克服する」「幼児期の記憶喪失を除去する」「無意識的なものを意識化する」の三つである。しかし、フロイトはエス、自我、超自我という構造論を提示し、それに伴い治療目的は「エスありしところに自我あらしめよ」となった。そして、ここから、構造が機能を決定するのか(構造論的あるいは局所論的アプローチ)、それとも、機能が構造を決定するのか(機能論的あるいは力動論的アプローチ)、というジレンマが生じる。力動論的アプローチは、抑圧された無意識的内容、すなわち、エスに関心を持ち、局所論的アプローチは、防衛機制の研究を重視する。以上を踏まえて、バリントは、フロイトの治療目標の定式について、いずれにしても個人だけにかかわっていると述べている。彼はそれを「生理学的または生物学的偏向」と呼んだ。

バリントによれば、精神分析技法の新しい方向は、自由連想の内容と患者の防衛機制だけではなく、精神分析状況における患者の行動の形式的要素に注意を払い始めたときに始まった。形式的要素には、患者の表情、カウチへの横たわり方、声色、セッションの始め方と終わり方、身体疾患、自由連想の仕方、等が含まれる。これらに留意し解釈することが重要となる。これらの形式的要素は患者の性格と密接に結びついている。また、患者の行動の形式的要素は患者の転移の重要部分である。すなわち、それらの要素は、ある種の対象関係が精神分析状況において復活したものとみなされるべきである。

バリントは、精神分析の新しい方向について、「何よりもまず、患者の転移の具体的細部のすべてを対象関係の観点から理解し解釈することを目指すものである」と述べている。しかし、この技法の進展に理論の発展が追いついていないのだ。バリントは、こうした新しい方向について、先述のフロイトの「生理学的または生物学的偏向」と対照し、「対象への偏向あるいは対象関係への偏向」と呼んだ。

フロイトは、「性理論三篇」のなかで、欲動の「対象」「源泉」「目標」という考え方を提示した。このリビドー理論のなかで、「対象」は欲動によってたまたま備給されるものに過ぎない。バリントは、こうした考えには一貫性がないと述べ、対象関係の発達、とりわけ環境の及ぼす影響を重視している。

そして、バリントは次のような重要な主張をしている。

もしわれわれが事態を個人という観点からのみ記述して、抑圧、退行、スプリット、厳格な超自我の成立、取り込み、投影、置き換え、融合ないし脱融合、アンビヴァレンスなどの、よく使い込んだ手持ちの学術用語だけを用いるならば、われわれの記述は、正しくはあっても不十分なものとなるだろう。なぜなら、あらゆる神経症的症状は歪んだ対象関係をも意味しており、個人内部の変化は過程全般の一面にすぎないからである。[1]

ここでバリントは現代においてもかなり重要なテーマに踏み込んでいる。少し長いが引用したい。

この到来しつつある理論にとってもっとも重要な研究領域は、精神分析状況における分析家の行動でなければならない。あるいは私の好きな表現では、精神分析状況を創造し維持するために分析家が果たすことである。これは実のところ非常に危険で扱いにくいテーマであり、別の論文にゆずることにしたい。ここでは今の話題に必要な範囲に限って議論したい。すべての人間関係がリビドー的であるのは明らかである。患者の分析家に対する関係も例外ではなく、それは転移と呼ばれてきた。これはフロイトが有名なドラの事例でその性質と力動とをわれわれに示して以来ずっとそうであった。しかし分析家の患者に対する関係も正確に同じ意味でリビドー的である。それを〝逆転移〟と呼ぼうとも、あるいは〝正しい分析行為〟、〝転移状況の適切な扱い〟、〝距離を置いた友好的理解と良いタイミングの解釈〟などと呼ぼうとも同じであって、この関係もリビドー的なのである。[1]

すなわち、バリントは、分析家の感情や行為は、それがいかなるものであるにしても、リビドー的であると考えたのだ。

さらに、バリントは、精神分析状況、すなわち対象関係の発展と変化を理解してゆくうえで、「分析家が解釈を患者に伝えるために用いる言語」を検討する必要があると述べている。彼の言う「言語」とは、個々の分析家が習慣的に用いている述語と概念のセット、すなわち「準拠枠」のことである。分析家が慣れ親しんだ思考法と観念表現法とを何の疑いも持たずに用いている場合、その背後に無意識的満足が存在しているのである。

本論文の論旨にはバリントの厳密さへの指向性が垣間見られる。それと同時に、彼は現代に生きるわれわれ一人ひとりに検討すべき問題を突きつけているのだ。

【「新規蒔き直しと妄想抑鬱症候群」(一九五二年)】

本論文はメラニー・クラインの生誕七〇周年記念号に寄稿されたものである。バリントはクラインの弟子ではないが、二人の間には友情が存在していた。

分析がかなり進展している時点で、患者は治療者と心理的・身体的に近づきたいという願望を持つようになる。この願望には次の二つの特徴が認められる。第一の特徴は、他者によってでなければ満足を得られないということであり、第二の特徴は、満足の程度が前駆快感の域を越えることがないということである。その際の快楽のレベルは、「静かで穏やかないうことなし」の感じである。こうした事態が生起したとき、分析家がそれを受け入れすぎると患者は嗜癖状態に陥り、それを拒絶すると患者は欲求不満状態となりサディズム的傾向が出現する。分析家が適切な臨床眼と熟練の技術を備えていれば、正しい治療過程が展開する。硬直的な対象関係が放棄され、防衛が確立される以前の状態に退行し、原初的な仕方で新規に愛したり憎んだりすることを始めようとする。その後、非神経症的で適応的な成熟した愛憎の仕方に発展する。そして、分析は終結に向かう。バリントはこの現象を「新規蒔き直し」と呼んだ。

バリントは、こうした「原初的・太古的対象関係」の時期を「受身的対象愛」と呼び、「人間のリビドー発達の起源にして源泉」とした。あらゆる対象関係の本来的目的は無償の愛を享受したいという願望である。成人の対象関係は、この本来的願望と無関心、不快、不親切な現実の受容との間の妥協形成である。患者は愛の本来的な原初的形式に退行することが許されなければならない。患者は退行することで神経症的対象関係を脱ぎ捨て、非神経症的な成人的愛の仕方を生み出すのである。

バリントは、分析の終末期において、新規蒔き直しの相互信頼の雰囲気に到達する前にパラノイド的状態に至ると述べている。そうした状態にいる患者は、他者がみな敵であり、自分の没落を願い、自分の幸福を妬むと思い込む。このパラノイド状態を抜け出すと、患者は抑鬱状態となる。そうした状態にいる患者は、自分は悪いものであり、無価値であり、誰からも好かれないと思い込む。パラノイド状態と抑鬱状態は行きつ戻りつする。

そして、バリントは、「リラックスした対象関係を結ぶ能力の現れ」である「新規蒔き直し」が生起するためには、パラノイド的態度の放棄と抑鬱の受容が必要と述べている。抑鬱の受容を通して人は未来に対する希望を抱けるようになる。

分析の終末期に、パラノイド的態度－抑鬱－太古的対象愛がこの順序で出現する。ここで、この順序が発達の反復に規定されているのかどうかという問題が生じる。この問いは、クラインの妄想－分裂ポジションから抑鬱ポジションという発達論への挑戦ともなっている。バリントによれば、パラノイド的状態も抑鬱状態もナルシシズム的側面を有している。彼は、「ナルシシズムは必ず二次的である」と論じている。また、パラノイド的態度にも抑鬱的態度にも不安や恐怖が織り込まれている。しかし、太古的対象愛には不安も恐怖もない。さらに、バリントは自身の「原初的対象関係」の発想とクラインの「理想化された対象」という考えの異同に触れている。彼によれば、クラインの「理想化された対象」はスプリットの結果生じた二次的現象である。また、バリントの言う「一次的な太古的な対象関係」は一切の現実吟味を要求しない。欲求不満を体験することで、幼児は現実吟味を課され、欲求不満を作る悪い対象と満足を与えてくれる良い対象にスプリットさせるのである。バリントは、「悪い部分対象が発達して敵対的・迫害的・抑鬱催起的対象のファンタジーが生じ、良い部分対象からは（反動形勢あるいは修復の機制によって）〝理想化された対象〟のファンタジーが生じる」と述べている。これらの事柄を考慮に入れ、バリントは太古的な対象愛が人間のこころの発達における誕生後最初の段階とした。バリントは、パラノイド的態度と抑鬱の時間的前後関係については未解決のままとした。

『一次愛と精神分析技法』は、バリントがフェレンツィの理論と治療論を受け継ぎ、消化しつつも、独自の理論と治療論を形成していく経過を私たちに示してくれる。ただ、バリントの理論を知り、治療論をみずからの臨床に活かすだけであるならば、バリントの到達点である『治療論からみた退行―基底欠損の精神分析』を読めばそれで十分であろう。しかし、バリントの格闘の航跡を追体験することはこころを喚起される体験となり、われわれが臨床家として成長してゆく際に大きな助けとなるであろう。そのような意味で、『一次愛と精神分析技法』はバリントに喚起されることでみずからの成長を願う臨床家にとって必読書である。

(b)『スリルと退行』(4)

本書は、『一次愛と精神分析技法』と『治療論からみた退行―基底欠損の精神分析』を橋渡しするという意義を有している。本書において、一次愛や退行といったバリントの重要概念がさらに推敲され彫琢されている。本書の最も独自の貢献であるとともに、知的関心を惹きつけるのは、「フィロバティズム」と「オクノフィリア」（ともにバリントの造語）という概念であろう。しかし、バリントの弟子であるスチュワート[8]に言わせると、これらの造語は「粗雑でぎこちない響きがあり」「耳障りで難解な単語」であり、それゆえ定着しなかった。スチュワートによれば、その結果、「諸対象と対象同士のあいだにある空間をめぐる実用的な概念もまた、忘れ去られ、精神分析家が物事を考えるうえで使用されなくなるという事態につながった」のだ。言葉としては定着しなかったとはいえ、概念として重要な意味合いを持ち、臨床的にも有用であるので、今後、再検討されるべき用語であろう。

　本書は、第一部「スリル」、第二部「退行」、第三部「補遺」の三部構成となっている。本項では第一部と第二部に絞って解説したい。

【スリル】

　バリントはまず遊園地から論を展開している。遊園地が世界中にある以上、それによって満足される人間の本質的欲求はこころの原初的な層から出てきたものに違いない。彼は遊園地で行われる娯楽をいくつかの項目に分け、スリルと関連するものとして「眩暈《めまい》、よろめき、ふらつき、バランスを危うくする娯楽」を取り上げている。その例として、ブランコ、回転木馬、スイッチバック、等が挙げられている。これらの遊具は、ある特定の型の不安を発生させてそれを維持している。この種の娯楽は三つの特徴を有している。第一は恐怖を意識していることであり、第二はこの外的な危険とそれが起こす恐怖とに対して意図的にわが身をさらすことであり、第三にその恐怖は耐えられるものであり、危険は一時的なものであり、無傷なまま安全なところに戻れる見通しを持ち、この見通しを信頼していることである。

ある外的な危険に身をさらし、これを恐怖しつつ楽しみ、そして見通しに信頼し切っているという、このカクテルこそ、すべてのスリルの基本をなす要素である。(2)

バリントは、スリルを楽しむ人を表す言葉として「フィロバット」という言葉を造り、そうした快楽や活動全体を「フィロバティズム」と名づけた。そして、フィロバットと正反対の人たち、安全感が脅かされるときに堅固不動なものにしがみつく人を表す言葉として「オクノフィル」という言葉を造り、そうしたあり方を「オクノフィリア」と名づけた。子どもの遊びには母親のシンボルたる安全地帯があり、スリルには安全地帯から離れることと安全地帯に再合体することの二つのテーマがある。

オクノフィリアにおいては対象関係の存在が前提となる。そして、その裏には恐怖が働いている。オクノフィリックな世界は、いくつかの対象と、対象と対象とを隔てる恐ろしい空っぽの空間とでできている。オクノフィリックな対象関係は部分対象関係であり、一次愛の特徴が認められる。

対象への要求は絶対である。欲求を感じつづけている間は、対象がいてくれなくてはならぬ。さらに欲求が存在している状態においては、対象へのおもんぱかり、思いやり、気づかいはまったくなされえないのである。要求は満たしてくれてあたりまえなのである。(2)

しかし、実際の臨床では、オクノフィリックなしがみつきが欲求不満に陥ることは避けられない。そして、そもそも本来の目的は対象によって抱きかかえられることであり、しがみつくことではないということからもアンビヴァレンスがもたらされる。

一方で、フィロバットは、友好な世界のなかで生きているのだが、対象は危険を秘めており、対象との接触を慎重に回避してゆく。バリントは、「オクノフィリックな世界が触覚と物理的膚接性とによって構造化された世界であるとすれば、フィロバティックな世界は視覚と安全な距離とによって構造化された世界である」と述べている。オクノフィルは、安全な対象と接触さえしていれば自分は安全だという錯覚のなかに生きており、フィロバットは自分がそなえている装備さえあれば他の対象は必要ないという幻想のなかに生きている。フィロバットの対象は全体対象である。その対象は悪い対象であることも良い対象であることもある。フィロバットは、その対象に配慮、顧慮、心配を示すことで、協力的な同伴者に変えるのである。フィロバティックな態度は、対象からの分離を受容し、ある距離を置いて対象を見つめるという姿勢である。当然のことながら、この態度の前提として、主体と客体が別個の存在であるという実感が必要となる。また、「オクノフィリアもフィロバティズムもともに原初的であるが精神発達における時間的位置の正確なところはなお不確定」である。そして、オクノフィルもフィロバットも対象との関係は、愛情的であるとともに憎悪的であり、両義的である。

さらに、オクノフィリアとフィロバティズムと現実吟味の関係が検討される。まず、バリントは現実吟味の発達段階について述べている。第一段階は、「起こった感覚が内界から来たものか外界からのものかを判定する段階」である。第二段階は、「感覚から感覚を起こしたものを推論する段階」であり、それを彼は「対象形成段階」と呼んでいる。第三段階は、「感覚の意味を発見する段階」であり、「解釈の段階」や「意味発見の段階」と呼ばれる。第四段階は、「知覚した感覚に対して適切な反応を発見すること」である。フィロバットの現実吟味は二相性である。安全地帯にあっては吟味は不必要である。友好的な広がりのなかでスリルを楽しんでいるときは、注意は外界に向かい外的現実の吟味を精密に行う。不安は外的対象に代表される危険によって起こり、危険を克服すると消失する。対象を気づかうことはない。しかし、現実的な危険を軽視し、その存在を否認する場合もある。

一方のオクノフィルは、対象を友好、安全、庇護的と盲信している。フィロバットが友好的空間にいても、それは過渡的状態であり、始まりも終わりも安全な対象がなくてはならない。安全な対象への接近路は危険を孕んでいるのだが、そこには魅力という心理的因子もあるのだ。フィロバットは、その魅力を否認しているのである。オクノフィルは、危険は対象そのものになく対象の外側にあるので、対象にしがみついていれば回避できると考えている。しかし、その対象が冷淡無関心になったり、悪意を持つようになって、自分を捨てる危険性もあるのだ。オクノフィルはその危険性を否認している。

そして、バリントは、オクノフィリックな世界とフィロバティックな世界のいずれよりも個体発生的に見て時間的に先行する原初的世界に入ってゆく。

【退行】

バリントは、まず「かつて私たちの精神の中に調和的渾然体が必ずあったはずだ」と推測している。それは私たちと私たちをとりまく世界とが調和的に渾然一体をなしていたということを意味している。精神分析という場における退行を観察すると、「一次的調和」という幻想の存在が見えてくる。「一次的調和」とは、「その中であれば私たちの願望はすべて自動的に満足されるであろう」、すなわち「そもそも欠乏を感じなくて済むであろう世界」である。こうした個体とその環境とのほぼ完璧な合一は、おとぎ話、エクスタシー、オーガズムという三つの状態に共通する。精神分析はこの状態を説明するために三つの理論を作った。第一は「一次的ナルシシズム」であり、第二が「絶対的万能感」であり、第三は「一次的対象関係すなわち一次愛」である。言うまでもなく、バリントの立場はこの第三の理論である。この調和を乱す独立した固い対象があることを発見したとき、人はオクノフィリックな世界かフィロバティックな世界を創り上げる。オクノフィリックな世界では、堅固な対象が必要なときは必ずいてくれて、自分を支えるために利用されることを嫌がらないという幻想が底にある。フィロバティックな世界では、対象が立ち現れて調和が破壊される以前の世界に立ち戻れるという幻想がある。そして、対象は危険であるか、使い捨てできる道具であるかのいずれかとなる。

ここで、バリントはオクノフィリアとフィロバティズムの個体発生に論を進める。子どもは、「よいお母さん」が自分を取り落としかけたというトラウマ体験を経験した後にしがみつくようになる。最初にしがみつく対象は部分対象である。対象が自分の外側に存在しているという事実を受容するとともに、対象にしがみつけば対象は自分を見捨てないと思い込む。これをバリントは「無力な万能感」と呼んだ。しかし、しがみつきが効率的になるほど、対象に抱えられる程度は少なくなる。この問題に対して、オクノフィルは、二つの魔術的思考を用いる。ひとつは投影である。すなわち、自分が対象を抱えられる以上、対象も安全に自分を抱えることができるはずだとすることである。もうひとつは取り入れである。それによって対象は自分のなかにあり、自分から去ることはなくなる。対象は良い対象と悪い対象に分割される。すなわち、オクノフィリックな思考は原初的であり、心配、配慮、顧慮のような感情よりも原初的な感情である。

一方のフィロバットは、対象から自分が離れて存在しているという現実を受容している。フィロバットは、対象への気づかいから介護することもでき、危険を考慮すれば避けることもできる。良い対象に対する気づかいも、危険な対象の回避にも、いずれにも必要なのが「スキル」である。バリントの言う「スキル」とは、現実への適応能力のことである。適応の第一歩は、対象が自分とは別個の独立した存在であるという認識から生起した抑鬱を受容することである。第二歩は、幻想を離れて現実吟味に向かうことである。第三歩は、元来の欲求を満足させる迂回路を発見することである。迂回路にはさまざまな可能性があり、対象を協力的なパートナーに変える「能動愛」「対象の征服」、ナルシシズム的態度と自体愛的欲望充足となる「自己征服」、そして新しい対象の創造である「昇華」である。いずれにせよ個人的スキルが必要となる。フィロバットのスキルの目的は、対象を発見する以前に存在していた調和、すなわち「友好的な広がり」を再創造することである。フィロバットは、自分のスキルに原初的信頼を置いている。フィロバットは「自分のスキルは十分であり、世界のほうでも征服されることを苦にせず、世界は自分に鍵が鍵穴に合うようにぴったり合ってくれるだろう」と信じているのである。その底には、世界はしっかりと抱きかかえてくれる良い母親であるという幻想があるのだ。すなわち、フィロバティックな世界は退行に基づく万能感の一例となる。フィロバティックな世界像は、外界への適応と非現実的幻想の混合状態である。

バリントは、この混合状態を「前進による退行」あるいは「退行のための前進」と呼んだ。現実に対処するために必要な高度なスキルを獲得することが前進なのだが、その目的は現実を忘れ自分と環境の調和を楽しめるような状態への退行である。一方、オクノフィルは、対象は自己から独立して存在するという事実を受容しつつ、その事実を否認するという魔術的方法で退行する。オクノフィルは「自己変容法」によって対処しているのだ。フィロバットは「自己変容段階」から「他者変容段階」に転化する。オクノフィルは、対象が自分と独立して存在することに気づくというトラウマに対して、しがみつくことでそれを否認しようとしているのである。フィロバットは同じトラウマに対して、スキルを身につけることで、いったん破壊された世界とみずからの調和を再創造するのである。その代償は、トラウマ体験の反復である。バリントは、オクノフィリアもフィロバティズムも一次愛という原初的な段階から対象の独立存在性の発見というトラウマに対する反動として生じたものと考えた。

さらに、バリントは分析場面における退行について検討している。彼は分析プロセスを次の三段階に分類した。第一段階で、患者は世界のなかでの自分の居場所を獲得するために闘わなければならないと感じる一方、何者かが自分をその世界から押し出し、自分の居場所を保つことができないのではないかと心配している。このとき、患者はカウチを信頼できない対象と体験し、接触を避けようとして、宙に浮遊している感じを覚える。第二段階で、患者は無構造の安全なコーナーに退却してそこから出る勇気を持てないでいる。このとき、患者はカウチにオクノフィリックにしがみつく。オクノフィリックな不安がやわらぐと、カウチは刺激的な場に変貌し、カウチという安全地帯のもと、フィロバティックな冒険、つまり自由連想による冒険に誘われる。第三段階で、患者は世界のなかに「友好的な広がり」を発見する。このとき、カウチは患者を安全に抱えるものとなり、患者はしがみつく必要がなくなる。患者はよりくつろいだ姿勢で横たわることができるようになる。

そして、バリントは精神分析における偏向を論じる。バリントは、「精神分析理論にはオクノフィリア的な偏向がある」と述べている。すなわち、精神分析には、患者にオクノフィリックな態度を作り出し、あるいは、すでにある場合にはそれを強化するという一般的傾向があるのだ。それは正しい転移解釈によって引き起こされる。患者は、理想化された分析家像を取り入れるよう誘導されるので、自分の脚で立ち自分の眼でものを見られるようになることができない。一方で、フィロバティズム的偏向を持つ技法においては、解釈はわずかしか用いられない。分析家は、個別的な対象の役割を取り、退行した患者を安全な距離から見守り、この冷静な客観的な視座から解釈をするのがよいか、自分が「友好的な広がり」の一部と化し、要求しない存在として現前し、患者の役に立とうとする構えを持ち続けるほうがよいのか考える。患者は理想化された分析家像を取り入れる必要がなく、いつか自発的に本来のトラウマ状況に接近できるだろう。この技法は、早すぎる時期に大きすぎる独立性を患者に押しつけるかもしれない。バリントは、オクノフィリックな技法にしても、フィロバティックな技法にしても、それが患者に押しつけられると、患者の感情体験の幅が狭められると述べている。そして、彼は、「私たちに欠けているものは何よりもまず、なぜ患者が是が非でも退行しなければならないかという必要性についての知識である」と語る。この問題意識が次著へとつながってゆく。

本書は、バリントの到達点と言ってもよい『治療論からみた退行―基底欠損の精神分析』の予告編とも考えられる。しかし、本編に誘う単なる予告編ではなく、それ自体が完成された作品であり、臨床上の有用性を持っている。本書に触れる読者は知的好奇心が刺激される読書体験を持つことであろう。

(c)『治療論からみた退行―基底欠損の精神分析』(3)

『治療論からみた退行―基底欠損の精神分析』は「もっとも未来への種子をはらむ」と評されている。翻訳者の中井は、「精神分析の立場に立つと否とを問わず、重症患者の精神療法にたずさわる者に意味深い治療的英知を含む書であると私は信じている」と述べている。

本書は、私が精神分析を臨床の道具として意識して初めて読んだ精神分析の書籍である。私は神戸大学医学部出身であり、卒業後、中井久夫先生が教授であった精神神経科に入局したのだが、その際の必読書リストに本書が挙げられていたと記憶している。文学少年であった私は、中学時代にフロイトを読んでいた。また、京都大学文学部に進学してからはフランス現代思想にかぶれていたこともあり、そのなかでフランスにおける精神分析の系譜にかなり触れていた。しかし、それらはあくまで学問的関心であり、当たり前だが臨床的関心ではなかった。私が臨床的関心を抱き、初めて読んだ精神分析の書であるが、当時の私は精神分析そのものにはまったく関心がなく、ただ、重症患者の精神療法に悪戦苦闘しながら参照したのが本書であった。

ただし、私は本書に準拠して臨床を行ったことはない。ただ、私が地を這うような臨床をするなかで、体験したことの意味を考えるうえで本書は非常に有益であった。臨床とは出来合いの理論や技法に準拠して実践するものではない。自分の頭で考えて、後にその意味を考えるときに理論や技法を参照するというのが私のスタイルである。私にとって、本書は、繰り返し参照するたびに新たな発見がある有用な書籍である。

本書は五部構成である。本項では各部を要約しつつ解説を加えたいと思う。

【第一部　心の三領域】

バリントは、「経験豊富で力量の卓越した分析家でも時には治療に失敗するらしい」という技法上の難関を出発点としている。そこから、彼は、「そもそも治療過程（複数）とは何だろう?」「治療過程は心《マインド》のどの部分で起るのだろう?」「分析家の嘗める困難は治療過程の一体何のせいだろう?」と疑問を立てる。精神分析のなかには、これらの疑問に対する確たる解答がなく、それゆえに精神分析には種々の流派があり、それぞれの流派により治療に成功する患者と治療に失敗する患者の種類が異なる。結局のところ、局所論の視座からはこの技法上の困難を説明できない。

バリントは、患者のこころの治療的変化は、「二人の人と人との間」、すなわち二者関係のなかで生じると述べている。そのため「良質な自我構造」を有する患者であれば、一人の内面で変化が生じ、解釈を中心とした言語的やりとりで事足りる可能性もあるが、持たない患者であれば技法上の難関にぶつかることになる。さらに、分析作業に存在する二水準が取り上げられている。まず、エディプス水準では、患者は解釈を解釈として体験する。また、その際の体験は三角関係の形で生じる。要するに、対象関係の場が主体（本人）の他に主体類似の対象を少なくとも二つ含んでいる。ここに肛門愛や口唇愛の分野も含まれる。そして、エディプス領域には葛藤がつきものである。エディプス水準では、成人言語がコミュニケーションの手段となっている。

バリントはもう一つの水準を従来の「前エディプス」という用語に替えて、「基底欠損水準」と命名した。基底欠損水準の主要な特徴は次の四つである。

(一)そこで生起する事象は例外なくすべて二者関係である。第三の人格は存在しない。
(二)この二者関係の性質は一種特別で、周知のエディプス水準の人間関係と全然違う。
(三)この水準において働いている力動的な力は本質的に葛藤に由来しない。
(四)しばしば成人の言語はこの水準で起る事象の叙述に役立たないか、誤解の原因となる。ことばが一般的含意にもとずく通常の意味を持つとは限らないからである。(3)

ここでの二者関係は、バリントの概念「一次愛」「一次対象関係」の一例である。この水準の満足は、対象と「ぴったり膚接《ふせつ》する」ことで生じる。この膚接がないと欲求不満から激しい症状が出現する。

続けて、バリントは、精神分析プロセスでこの基底欠損水準に到達したことを知らせる標章について説明している。治療が主として言語的理解を中心に進展してゆくと、雰囲気が根底的な変貌を遂げる。分析家が解釈を提示しても、患者はそれを解釈として体験せず、分析家の言葉や身振りが患者にとって治療者の意図と隔絶した重大な意味合いを帯びるようになる。また、患者は分析家の私事を察知するようになる。患者は空虚感や迫害感を体験するが、希望を喪失することなく治療をやり遂げようと決意しており、そこにある種の魅力が生起する。バリントは、「この魅力こそ、治療のメスが基底欠損水準に到達した診断上の重要徴候である」と述べている。患者は自分の欲求は満たされて当然と感じている。治療者はこうした状況に情緒的に巻き込まれる危険性もあるが、巻き込まれまいとすると患者は治療を中断するか、攻撃者としての治療者と同一化する。

基底欠損には葛藤がない、ただ欠損があるだけである。欠損の原因は、「誰かしらないが自分をつくりそこなったため、あるいは誰かがするべきことを自分にしてくれなかったため」とされる。そして、バリントは、基底欠損の起源を「個体形成の初期段階において個体の持つ生理・心理的欲求と供給されうる物質的・心理的保護・配慮・好意間に存在する相当の落差」という事態にあるとした。この落差は先天的な場合もあり、環境の問題の場合もある。

さて、ここで、バリントはエディプス葛藤領域、基底欠損領域に加えて、第三の領域である「創造領域」という概念を提示する。この領域では、主体（患者）は、自分の内部から何ものかを産出する。この領域には外的対象が存在せず、転移関係が生まれることはない。しかし、主体は孤独ではない。そこに存在するものをバリントは「前対象」と呼んだ。前対象が対象となる創造過程については詳細が不明とした。

【第二部　一次ナルシシズムと一次愛】

フロイトのナルシシズム論は時代とともに変遷しているが、晩年の一次ナルシシズムに関する考え方は次のようなものである。なお、フロイトのナルシシズム論の変遷に関してはウィニコットを扱う章でもう少し詳細に解説する。

最初は、自我のなかにリビドーの利用可能な全割当て量が貯蔵されている。私たちはこの状態を絶対的な一次ナルシシズムと呼んでいる。それは、自我が対象の観念にリビドーを備給し、ナルシシズム的リビドーを対象リビドーに変形し始めるまで持続する。全人生を通じて、自我は大貯水池であり続ける。そこからリビドーの備給が対象に送り届けられ、そして再び撤退されるのである。それはまるでアメーバが偽足で動くかの如くである。(4)

フロイトの考えに従えば、一次ナルシシズムは最原初段階であり、以降のリビドー編成の淵源である。バリントは、一次ナルシシズム理論には解消不能な矛盾があると指摘している。さらに、バリントは臨床観察所見から、一次ナルシシズムの存在を否定してゆく。

そして、バリントは、最も原初的あり方として「一次愛」という概念を提示している。彼によれば、出生以前には自己と環界は調和的に渾然一体化しているが、個体は生物学的にもリビドー的にも環界と強く関係を結んだ状態で生まれる。幼児期初期段階におけるリビドー備給には次の四種類がある。

第一は、元来環界に備給されていたものの残渣が対象の成立にともなってその対象に移されたもの。第二は、やはり元来環界に備給されたものの残渣が二次的に欲求不満を宥和するため自我へと退却し、ナルシシズム的、自体愛的備給と化したもの。第三は、自我の二次ナルシシズム的備給がもう一度外にむかって再備給されたもの。以上の三つは、かなりよく研究された備給形式だが、それに加えて第四の形があり、これが成立してはじめてオクノフィリア的構造ならびにフィロバティズム的構造の発生展開がありうる。(3)

オクノフィリア的世界においては、一次備給は対象に膚接しており、対象にしがみついておれば安全なのだが、対象と対象との空隙は危険である。フィロバティズム的世界においては、対象との間の空間が原初の一次備給を受け、対象はむしろ裏切る危険があるものとされる。すなわち、オクノフィリア的人間は「自分の対象関係にリビドーを過剰に備給」しており、フィロバティズム的人間は「みずからの自我機能に過剰備給」しているのだ。

原初的対象関係においては、対象が「いうまでもないもの」とされる。この調和的二者関係においては自分の願望、関心、要求の所有を許されるのは一方だけである。すなわち、万能が現に調和して存在している状態である。主体と対象の間に障害が生じると、攻撃破壊や解体等の激烈な症状が出現する。調和が維持されると、「穏和な、もの静かな、万事よしという感情」となるので目立たない。

バリントは、患者の退行を許容する分析治療では次の三つの対象関係に遭遇すると述べている。すなわち「最原初的＝調和的＝相互浸透的渾然体と対象へのオクノフィリア的纏綿と対象なき広袤へのフィロバティズム的選好の三者」である。

バリントは、ナルシシズムはすべて、最も原初的な調和的＝相互浸透的渾然体に対して二次的であり、「ナルシシズム発生の直接原因はつねに個体環界間の擾乱にある」と結論づけている。

【第三部　深淵と分析者の反応】

分析の場の「雰囲気」に応じて、患者は、程度の差はあるとはいえ、退行する。退行すると行動化が生じる。分析の場の「雰囲気」を醸成するのは、患者の寄与もあるが、分析家の寄与もある。退行が深くなると、言葉はコミュニケーション手段として使用できなくなり、患者は解釈を解釈として体験しなくなる。分析の場で治療者は「患者の中の子供」に対処しなければならない。「患者の中の子供」が基底欠損の年齢にあれば、分析家と患者の間には深く広い深淵が存在することになる。「患者の中の子供」が自力でこの深淵に架橋できない以上、分析家の助力が必要となる。

ここから、バリントは、分析家が用いる言語の問題に立ち入る。子どもが親から言語を学ぶように、「患者は（分析家志願者も）分析家の言語を学ばねばならず、実際学ぶ」と述べている。患者は、分析家に理解されたいという願望を持っているので、分析家の言語（精神分析の学派によって異なる）を学ばざるをえないのである。彼は、「この単純な事実は、われわれが理論的考察をする際、組織的に抑圧されてきた」と語っている。そして、バリントは、分析言語が退行患者への分析家の反応にどのような影響を及ぼすかを検討するために、いくつかの分析言語を叙述する。

バリントは、まず、「古典的」分析言語を取り上げている。この言語を用いる分析家は、性器段階以前の体験も成人言語で表現する。すなわち、分析家は退行への分析家の反応（特に解釈）はエディプス水準の葛藤への対処となる。患者は、退行を妨げられるか、退行したとしてもすみやかにエディプス水準に戻るしかない。バリントによれば、古典的技法には「患者選択という問題」がある。ここで問題となるのは、患者の「治癒可能性」ではなく、患者の「精神分析可能性」である。すなわち、古典的分析に不適とされた症例のためには、精神分析ではない力動的な精神療法を案出することが必要となる。非エディプス的治療関係は治療者と患者を危険に巻き込む。古典的技法を用いる分析家は、安全のために、治療者、患者双方を危険に巻き込むような治療展開を避けようとしているのである。

続いて、バリントは、クライン派の分析言語を取り上げる。クライン派は、「患者の中にいる子供」と成人とを距てる深淵を意識しつつも、成人言語で対処可能と考えている。むろんのこと、クライン派の分析言語は慣用の成人言語とは異なる。クライン派は、最早期の体験を叙述するための「精妙な理論と独自の解釈技法」を発展させた。しかし、クライン派は、退行患者とのコミュニケーションに独特の言語であるとはいえ成人言語を用いている。クライン派の分析家が自分の言語を整合的に使用し続ける結果、患者はそれに合わせてその言語を取り入れる。この学習過程によって、患者は成熟に向かうかもしれない。しかし、言語で表現できない体験は残る。バリントは次のようにクライン派を批判している。

クライン派は皆、自分たちは〝エディプス段階以前〟さらに〝言語以前〟の現象を叙述するのに全体として適切な一言語を所有しており、さらにこの言語の確実な使用基準すなわちいつどこでどのような解釈を下すかの基準を持っている、と信じて疑わないようである。クライン派の解釈を学会で聞いても文献でみても、自信にみち、知識豊かで、多分堂々たる分析家が出した解釈だろうな、という感銘を受ける。この感銘はどうやらクライン派の患者も抱くようだ。とすれば、分析家のこの態度がクライン派の患者の連想内容には実に多量の攻撃性と羨望と憎悪が出てくる理由の一つになっていないだろうか。また、患者がとりこみと理想化に専念する理由の一つではあるまいか。(3)

理想化された分析家を取り込むことで、患者には画一的な心的構造が獲得されるかもしれない。これは効率はよいが、よそよそしい人工的な心的構造である。そして、バリントは、治療者が患者の訴えを持ちこたえることができないと、整合的な解釈をしたくなる衝動に駆られると述べている。

最後に、バリントは第三のグループを取り上げている。彼はこのグループの代表としてウィニコットを挙げている。このグループは、正常な成人と「患者の中の子供」を距てる深淵は、個人と環界の適合性の欠如から生じると考えている。そこから自我の分裂が生じ、偽りの自己が「職務代行」し、真の自己は現実と接触せず、未熟なままとなる。分析家がマネージメントを通して「職務代行」を引き継ぐと、患者は退行する。退行患者のマネージメントには困難が伴われる。一つの困難は、分析家が患者に余分な苦悩が降りかからない状態を創出する責任を引き受けてしまうことである。すると、「患者は自分の基底欠損を生ぜしめた〝トラウマ〟の生起する前にいた調和世界が戻ってくるという期待を持つだろう」。しかし、治療者は現実に一次対象となることはできない。結局、この技法は治療実践上の実りは少ないのだ。ここで、バリントは、そのような一例としてフェレンツィの「大実験」を挙げた。彼は「〝大実験〟という雰囲気の発達を許した症例で真の治療成功は一例も私はみなかった」と述べている。

「マネージメント」派がこのような治療法に踏み込む決断をする背景には、「〝正規の〟分析の場の基本条件は欲求不充足と限界づけであり、患者はそれに耐える力がないのだが、この耐性のなさを過去の何らかのトラウマ状況への強力な固着の一徴候としての〝反復〟と解する」という先入見がある。ここから、治療者は、「患者の自由連想内容と患者の転移神経症の症状から架空のトラウマ状況を再構成」して、「治療の場の可逆的パラメーターを動かして、無際限の反復を誘発する刺激の働きを決してしないような、治療の場の雰囲気を患者のために創り出そうとする」のだ。一方で、こうした技法を用いても、クライン派の分析と同量の憎悪と攻撃性を患者に誘発する。しかし、理想化された分析家の取り込みや同一視はクライン派ほど生起しない。

【第四部　良性の退行と悪性の退行】

第四部ではまず、フロイトの退行概念が取り上げられている。フロイトによる退行概念は、最初抵抗の形態とされ、次に反復強迫の一症状とされ、最後に死の本能の臨床的例証とされた。フロイトの退行概念は一貫したものではなかったが、基本的にネガティブな意味内容を含んでいる。一方で、退行の取り扱いについてのフロイトの勧告は一貫している。すなわち、分析家は受動性を維持し、解釈以外の反応をしてはならないとされた。いわゆる禁欲原則である。バリントは、ここからフロイトとフェレンツィの不一致という点について解説しているが、それについてはフェレンツィの章を参照していただきたい。

バリントは、「成熟度の進んだ体験行動様式の確立後に分析治療への反応中に原初形態の体験行動が出現すること」を退行と呼んだ。本書のなかで三つの実例が取り上げられている。バリントは、新規蒔き直し期に、その三例に対して肯定的反応を行い、欲求を充足させている。彼は、新規蒔き直しの特異な雰囲気をドイツ語の arglos（訳者の中井は「ほぼ〝気のおけない〟に当たる」と述べている）で言い表している。この雰囲気のなかで、患者は性格の鎧と防衛の鎧を脱ぎ捨て、「生きることはこれよりも単純で真実なものになったと感じるようになる」のだ。フロイトの退行は一個人の心中において生起する過程だが、バリントの退行は二者関係の心理世界に属する。そして、バリントは次のように結論づけている。

分析治療中の退行、すなわち新規蒔き直しの第一相は、一次対象類似の構造を持つ対象関係樹立を目ざすものである。この樹立を可能とするには、分析家がまず、目下生起しつつあるものがそういうことだと分ることが必要だし、それが今必要なものだと認めて、この希いを、治療過程の一部として受容することが肝要である。分析家の行動や解釈をもってこの願望の開花を抑えようとしてはならない。(3)

さらにバリントは、治療的退行を良性退行と悪性退行の二種の臨床型に区別した。悪性退行では、「本能の求めるところを充足させることを目的とする」。良性退行では、「患者はさほど外的行動による満足を求めず、それよりも外的世界を活用して自己の内面の問題に前進の途がひらけること」を認めてほしいと願う。良性退行では、患者の期待する関与は、「患者が内面生活を持っていること、患者が患者独自の個性を持っていることを認識すること」である。すなわち、悪性退行は「充足を目的とする退行」であり、良性退行は「認識されることを目的とする退行」である。良性退行において、治療者は理解と寛容をもって、患者のこころのなかでさまざまの出来事が生じる条件を創造し維持する。バリントは、良性退行の臨床特徴を次のように述べている。

一、相互信頼的な、arglos な、気を廻さない関係樹立がさほどむつかしくない。この関係は一次物質との一次関係を思わせる。
二、退行は真の新規蒔き直しに至る退行である。そして現実への開眼とともに退行は終わる。
三、退行は認識されるためのもの、それも特に患者の内的な問題を認識してもらうためのものである。
四、要求、期待、欲求の強度は中程度を出ない。
五、臨床症状中に重症ヒステリー徴候はなく、退行状態の転移に性器的オーガズムの要素がない。(3)

一方の悪性退行の臨床特徴は次のようになる。

一、相互信頼関係の平衡はきわめて危うく、arglos な、気を廻さない雰囲気は何度もこわれ、しばしば、またもやこわれはしないかと恐れるあまり、それに対する予防線、保障として絶望的に相手にまといつくという症状が現れる。
二、悪性型の退行は新規蒔き直しに到達しようとして何度も失敗する。要求や欲求が無限の悪循環に陥る危険と嗜癖類似状態発生の危険がたえずある。
三、退行は外面的行動をしてもらうことによる欲求充足を目的としている。
四、要求、期待、〝欲求〟が猛烈に激しいだろう。
五、臨床像に重症ヒステリー徴候が存在し、平常状態の転移にも退行状態の転移にも性器的オーガズムの要素が加わる。(3)

バリントによれば、退行は患者分析家間の相互作用の症状の一つである。その相互作用には次の三つの面がある。

まず、対象がどのように退行を認識するか。第二に、対象がどのように退行を受容するか。第三に、対象がどのように退行に応答するか、(3)である。

【第五部　退行患者とその分析家】

バリントは、まず、「分析治療における二大因子は解釈と対象関係である」と述べ、「関係の持つ治癒力」という問題を提示している。従来（そして現在もなお）、精神分析においては解釈こそが特権的技法の位置を占めている。しかし、バリントによれば、退行中の患者の場合、「治療のある時期には、有効に機能する関係を創り出し維持する方が正しい解釈を告げるよりもおそらく大切である」。解釈は知的理解、思考、洞察を要求する。一方の対象関係は、二人の間の相互作用であり、非言語的方法もその創出と維持に有用であり、そこで生起している事柄を言葉で叙述することは難しく、せいぜい「雰囲気」や「空気」と表現することができる程度である。バリントは、「〝洞察〟とは的を射た解釈の結果生まれるものだが、洞察が生まれるにふさわしい対象関係が創出されたならば、その結果は一種の〝感じ〟である。」と述べている。

むろん、すべての患者が治療的退行を必要としているわけではない。人はみな対象関係の強迫的パターンを持っている。この強迫的パターンが基底欠損に由来する患者には退行が必要となる可能性が高い。そのような症例では次のような治療手段が考慮されなければならない。

分析の場において患者がその持つ強迫的パターンに応じた原初的関係を生起発展させ、さらにその関係をおびやかされることのない平和裡にそっと保ちつつ、患者自ら、これまで知らなかった新しい対象関係の形がありうることを発見し実際に味わい、この対象関係をめぐって実験的行為を行なうようになるまで、治療者が患者を援助しつつ待つことである。基底欠損が活動している限り、その個人がとりうる対象関係の形式は基底欠損によって限定される。だから基底欠損が治癒消失しうる条件を創り出して、その不活性化をはかる仕事は治療上欠かせない。この目的の達成のためには、患者を元来の欠損状態の原因となった場面というかある特定の対象関係まで退行させなければならない(3)。

その後、「新規蒔き直し」が生じ、患者は新しい対象関係パターンを展開することができるようになる。その際、治療者は次の三つのことを避けるべきである。第一に、治療者はすべてを転移として解釈すべきではない。このような治療態度は患者をオクノフィリア的世界に退行させる。すると、患者は独力でものを発見することができない。第二に、治療者は分離独立した対象となることを回避しなければならないときがある。治療者は患者のために存在し、患者に使用される。しかし、破壊されてもいけない。第三に、治療者は万能者になる、あるいは、そのように患者の眼に映ることを避けなければならない。ここで、バリントは「現代精神分析技法のオクノフィリア的偏向」に触れている。精神分析は転移解釈を特権的技法としている。分析家が分析の場で生起することをすべて転移の観点から解釈すると、その事態が患者を教育し、患者はこの言語に則って自分の前言語的体験を表現し、そういう感じ方をするようにさえなる。すると、分析家は自分の理論も解釈も正しいといっそう信じるようになる。一種の循環論法である。

さて、悪性退行に陥る危険を避け、良性退行の成長の道をなだらかにするためには、治療者はどのような技法を用いればよいのだろうか。バリントによれば、基底欠損領域あるいは創造領域に退行している患者に有用な技法は解釈をもって強引な介入を試みないで当面寛大に患者の退行に耐えることである。この意味するところは「分析家と患者とが一種の相互的体験として退行を寛容できる一種の環境あるいは雰囲気を分析家の方が醸成しなければならない」ということである。そして、治療者が正しい距離で現存している必要がある。遠すぎると患者は見捨てられたと感じ、近すぎると患者は不自由に感じるだろう。治療者は患者の一次対象となるのであって、患者に一次愛を与えるのではない。すなわち、一次愛によって備給されるべき一次対象としてみずからを患者に差し出すのである。別の視点から見ると、分析家は「時間と環境の整備提供者という機能」を果たすのだ。外的誘惑・刺激・要請が入らない時間のなかで、患者は自分のなかに基底欠損という一種の瘢痕があることを認識し、自分なりの対象関係に至る道を発見するのである。患者は、治療者との二者関係のなかで、自己自身のなかに欠陥・欠損があるという事実を悔やみ悼む。この過程は基底欠損領域に属し、人為的に速めることができない。分析家は、この自然の成り行きを見守らなければならない。患者はひとりではこの悼みの時期をくぐり抜けることができないのだ。

さらに、バリントは患者の欲求を充足させるという問題を取り上げ、論を進める。充足には次の二種がある。第一種の充足は、「それ自体も充足をもたらしつつ、さらに充足を求める刺激として働き、全般的に興奮を増大させてゆく」。第二種の充足は、「静穏効果」があり、「患者の意識から興奮、焦燥、刺激を取り除いて充足を生じさせるもの」であり、患者は静穏な「万事よし」の状態に向かう。バリントは、「分析の場と両立する充足とは患者を刺激しない充足である」と述べている。それは全体的緊張を低下させ、患者－分析家間のより良質な理解成立をもたらす。バリントは、「分析家は若干の症例、特に退行患者を相手にする時は、治療関係を確保するために、ある種の要求はフロイトの設定した限界を越えて充足させてよいのだ」と述べ、その際に分析家が尊重しなければならない条件を列挙している。

その第一は、分析家は自分が〝全知全能の対象〟になる危険を自らの行動によって招いてはならない。第二に、欲求の結果が患者の中の興奮を強化させるものでなく、〝静穏な万事よしの状態〟に、そして、患者分析者間の理解の安全感増大に、導くものであることを見とおしていなければならない。第三に、悪性退行の発生を回避する途をわきまえていなければならない。[3]

患者は、良性の退行から脱すると、「事物を理解するというか、ただ事物を見すえるために事物をまるごと眺め肯定的にわが身に引き受けるという静かな決意を現わす」のである。

本書の読み方に関しては神田橋[6]によるユニークな書評を読んでみることをお勧めする。私はここで取り上げたバリントの純粋精神分析をめぐる三つの主著を読む順番について示唆したい。私のお勧めは、『治療論からみた退行──基底欠損の精神分析』『スリルと退行』『一次愛と精神分析技法』の順に読み進めることである。これは原書の発行年とは真逆だが、翻訳の発行年順である。翻訳の発行年順には意味があるのだ。『治療論からみた退行―基底欠損の精神分析』はバリントの到達点であるので、ある意味、バリントの思考が整理・彫琢されている。そして、臨床の叡智に満ち溢れている。バリントの著作に触れたことがない若手心理臨床家は『治療論からみた退行―基底欠損の精神分析』を読むことで、自分の臨床を見つめ直し、バリントの考えをみずからの臨床に活かすことが可能になるであろう。また、バリントや精神分析にあまり馴染みがなくても比較的理解しやすい著作である。『治療論からみた退行―基底欠損の精神分析』はバリントの入門編としても、臨床実践ガイドとしても有用な著作である。

その後、『スリルと退行』を手に取るとよい。『スリルと退行』もかなりまとまった内容を持つ著作である。読者は『スリルと退行』に触れることで、臨床上のヒントを得るだけではなく、知的興奮を体験することができるだろう。すなわち、快楽に満ちた読書体験に誘う力を『スリルと退行』は有している。

そして、最後に『一次愛と精神分析技法』となるわけだが、この著作だけは単独で読むのではなく、取り組む前にフェレンツィの著作や考えに触れておくべきである。『一次愛と精神分析技法』には、バリントがフェレンツィと格闘し、自分独自の考えを練り上げてゆく航跡が表出されている。バリントの格闘を再体験するためにはフェレンツィの著作や考えについての知識が必要となる。そのような意味で、『一次愛と精神分析技法』は若手心理臨床家ではなく、先人の著作や考えと格闘して自分独自の考えを練り上げてきた中堅・ベテラン心理臨床家こそ読むべき著作である。私は今回バリントの著作をほぼすべて読み直したが、『一次愛と精神分析技法』を読んでいるときに最もこころが震えた。すなわち、何かをこころに喚起する読書体験に誘う力を『一次愛と精神分析技法』は有しているのだ。

4　おわりに

本章では、バリントの生涯を素描し、純粋精神分析への貢献について解説した。読者にはバリントの退行理論と退行臨床のエッセンスについてはご理解いただけたのではないかと考える。しかし、バリントは退行臨床の実際について詳細な記述を残していない。また、臨床論については共通する部分が多いウィニコットの退行臨床との異同も興味深いところではある。両者の退行理論の違いは一次ナルシシズムという概念をめぐるものとなっているのだが、その理論の違いが実際の臨床実践の違いにどのような影響を与えているのかという点については、バリントが詳細な症例報告をしていない以上、不明である。そうした状況ではあるが、退行臨床の実際について思考をめぐらせるために、ウィニコットを扱う章で、ウィニコットの臨床実践とブタペスト学派の祖であるフェレンツィの「大実験」の関連について検討するつもりである。

第三章　ドナルド・ウィニコットとジョン・ボウルビィ——退行理論の展開

1　はじめに

ドナルド・ウィニコットは精神分析の枠組みのなかに留まりつつ、そして、ジョン・ボウルビィは精神分析の枠組みを超えて新たな枠組みを提示しつつ、ともに、現代の心理臨床に巨大な影響を与えている。皮肉にも、精神分析の枠内に留まり続けたウィニコットは精神分析のなかではかつてほどの影響力はなく、精神分析の枠外で新たな枠組みを作ったボウルビィは少なくとも精神分析の一部に強力な影響を与えている。

この二人には共通点も多く、比較検討することも興味深いことなのだが、本書では、それぞれの考えを独立に退行理論の観点から検討するつもりである。

2　ドナルド・ウィニコット

ウィニコットの治療論を概観する際の鍵概念は「一次ナルシシズムへの退行」である。一次ナルシシズムはかなり問題の多い概念である。単純化して言えば、一次ナルシシズムとは、幼児がリビドーのすべてを自分自身に備給する早期の状態である。フロイト自身がナルシシズム理論を推敲していないこともあり、ナルシシズム、とりわけ一次ナルシシズムは、精神分析の学派によっても、あるいは各精神分析家によってもその意味合いが相当に異なる混乱した概念である。マイケル・バリントやメラニー・クライン等の分析家は一次ナルシシズムという段階が存在すること自体を否定している。この問題の多い一次ナルシシズムという概念を独自の観点からみずからの治療論の中心に置いた精神分析家がウィニコットである。ウィニコットの考えを検討する前に、フロイトの一次ナルシシズム概念を整理しておく。

(a)フロイトの一次ナルシシズム

当初、フロイトは、ナルシシズムを自体愛と対象愛の中間に存在する段階と考えた。『自伝的に記述されたパラノイアの一症例に関する精神分析的考察』[5]のなかに次のような記述がある。

最近の研究によって、私たちはリビドーの発達史における一段階に注目するに至った。それは自体愛から対象愛に至る途中にある一段階である。この段階はナルシシズムと名づけられた。[5]

自体愛とは、フロイトの幼児性欲論の鍵概念である。幼児は生命を維持するために、乳房を吸うのだが、吸う行為自体から快感を得ているとフロイトは考えた。その場合、幼児の口唇が性感帯となっているのだ。フロイトがみずからの幼児性欲論を最も体系的に記述した最重要論文である『性理論三篇』[4]のなかに次のような記述がある。

この（幼児の：訳者注）性的活動が有する最も顕著な特徴は次のようなものであると主張されなければならない。すなわち、その欲動は、他者に向けられるのではなく、主体自身の身体から満足を得ているのである。それは〝自体愛〟である。[4]

自体愛から対象愛へ移行する途中の段階であり、自己自身、すなわちこころのなかの自己像にリビドーを備給する段階をフロイトはナルシシズムと考えたのだ。

さらに、フロイトは、ナルシシズムをより根源的なものと捉えてゆく。『ナルシシズム入門』[7]のなかに次のような記述がある。

人間にはもともと二つの性対象があると言える。すなわち、自分自身と自分を世話する女性である。そして、そうすることで、私たちはすべての人に一次ナルシシズムがあると仮定していることになる。[7]

この時点では、フロイトは一次ナルシシズムを根源的なものと考えているとはいえ、まだ唯一の原初的あり方とはしていない。もう一つの根源的な性対象（母親）が存在するとされている。

一次ナルシシズムに関するフロイトの最終的な考えは、彼の晩年に執筆され、未完のまま終わり死後刊行された『精神分析概説[8]』に記述されている。次に引用する。

イドと超自我におけるリビドーの振る舞いについて何事かを言うのは難しい。私たちがそれについて知っていることは自我と関連することだけである。最初は、自我のなかにリビドーの利用可能な全割当て量が貯蔵されている。私たちはこの状態を絶対的な一次ナルシシズムと呼んでいる。それは、自我が対象の観念にリビドーを備給し、ナルシシズム的リビドーを対象リビドーに変形し始めるまで持続する。全人生を通じて、自我は大貯水池であり続ける。そこからリビドーの備給が対象に送り届けられ、そして再び撤退されるのである。それはまるでアメーバが偽足で動くかの如くである[8]。

この記述の少し後で、ナルシシズム的リビドーが母親という対象へのリビドーに転化する様態が次のように述べられている。

子どもの最初のエロス的対象は子どもに栄養を与える母親の乳房である。愛の起源は、栄養へのニードが満たされる事態と密接に結びついている。当初、子どもが母親の乳房と自身の身体を区別していないことは間違いない。子どもは繰り返し乳房がない事態を体験するため、乳房と自身の身体は分離せざるをえない。そのとき、乳房は〝対象〟として、もともとのナルシシズム的リビドー備給の一部を得るのだ。この最初の対象は、後に、その子どもの母親という人間となる[8]。

ここにおいてフロイトのナルシシズム論の最終形が提示されている。すなわち、一次ナルシシズムが最も原初的であり、その後、乳房という対象（部分対象）、そして母親という人間（全体対象）へのリビドー備給が生じるのである。

(b)ウィニコットの発達論

ウィニコットの発達論の主要な部分は「親と幼児の関係に関する理論[13]」のなかで比較的体系的に記述されている。

本論文の最初のほうで、ウィニコットはフロイトの「精神機能の二原則をめぐる定式化[6]」の脚注を取り上げている。

快感原則に隷属し、外的世界の現実を無視する有機体は、ほんのわずかな時間も生き延び続けることができず、したがって、そうした有機体が出現することなどできるはずがないという反対意見は正当なものであろう。しかしながら、こうしたフィクションを用いることも、幼児が——母親から受ける世話もそこに含めるならば——この種の心的体系をほぼ実現できると考えることで、正当化される[6]。

ウィニコットの指摘によれば、フロイトは母親の世話が有する機能について注目しているのだ。幼児が快感原則の世界に住まうためには母親の世話が必要なのである。フェレンツィもこの脚注を「現実感の発達段階」で取り上げ、ウィニコットとほぼ同じ文脈で論じていたことを、ここでも再確認しておく。

そして、ウィニコットは、幼児には「遺伝的ポテンシャル」があり、それが発達することでひとりの幼児となると考えた。

〝母親から受ける世話〟によって、それぞれの幼児は自分のパーソナルな存在を持つことができ、それで、**存在することの連続性**と呼びうるようなものを組み立て始める。この存在することの連続性を基礎にして、遺伝的ポテンシャルが徐々に個々の幼児へと発展してゆくのである。母親の世話がほどよいとはいえない場合には、存在することの連続性がない以上、幼児が実際に出現することはない。[13]

ウィニコットは「ひとりの幼児というものはないのである」と述べている。すなわち、幼児と母親の世話は切り離すことができないのである。

さて、この遺伝的ポテンシャルが幼児になり、さらには独立した存在となりつつある子どもになるためには、満足のいく母親の世話が必要となる。ウィニコットは、満足のいく親の世話を次の三段階に分類した。

(a)抱えること holding。
(b)母親と幼児が共に生きること。ここでは、父親の（母親のため環境に対処する）役割を乳児が知ることはない。
(c)父親、母親、幼児が三人揃って共に生きること。[13]

「共に生きる」ということは、幼児が対象を外的なものと知覚しているということを意味している。すなわち、「共に生きる」段階では、対象関係が存在することになる。裏を返せば、「抱えること」段階では、対象関係が存在しないことになる。ウィニコットは、この「抱えること」期の幼児の発達について、「一次過程、一次同一化、自体愛、一次ナルシシズムは現存する現実である」と述べている。さらに、彼は、「抱えること」期には、幼児が最大限依存していると指摘し、依存を次のように分類している。

（ｉ）**絶対的依存**：この状態では、幼児は母親の世話について何も知らない。母親の世話は主として予防という事柄である。

幼児は、適切なことも不適切なことも制御することができず、利益を得るか、あるいは動揺を被るかという境遇にいるしかない。

(ii) **相対的依存**：ここでは、幼児は母親の世話の詳細についてのニードを意識できるようになり、そして、ますますその詳細を個人の衝動と関連づけることができ、さらに後には、精神分析療法において、転移のなかでそれらを再生することができる。

(iii) **独立の方向へ**：幼児は、実際の世話がなくてもやってゆく手立てを発展させる。この事態は、環境への信頼が発展するなかで、世話の記憶の蓄積、個人のニーズの投影、世話の詳細の取り入れを介して達成される。ここにおいて知的理解という要素がつけ加わるに違いない。そこには大きな意味合いがある。(13)

さて、こうした移行についてもう少し詳しく見てゆこう。その際に参考になるのがウィニコットの「精神病と子どもの世話(11)」および「移行対象と移行現象(10)」である。ウィニコットは、まず、「幼児の世話に没頭している際に、母親がそれぞれの子どもの精神的健康を築くのだ」と述べている。このありようを母親の「献身」と呼ぶことができるが、それは「幼児のニーズへの敏感で積極的な適応」である。最初、個人は「単一体 unit」ではなく、「環境－個人からなる編制 set-up」としての「構成単位 unit」があるだけである。さて、最初、「母親が一〇〇%の適応をすることで、幼児に乳房が幼児の一部であるという錯覚の機会を与える」。ここで幼児は、魔術的支配、万能を体験している。成長のプロセスは錯覚から脱錯覚への道のりとなるが、母親は最初錯覚のための十分な機会を与える必要がある。ウィニコットは次のように述べている。

乳房は、幼児の愛する能力や（こうも言えるだろうが）ニードから、幼児によって繰り返し創造されるのだ。赤ん坊のなかに、私たちならば母親の乳房と呼ぶことができる、主観的現象が発展する。幼児が今にも創造しようとしているまさにその場に、そして、適切な瞬間に、母親は現実の乳房を差し出すのだ。[10]

「ほどよい母親」は、幼児のニーズに対して積極的に適応するのだが、「乳児が適応の失敗の理由を説明し、欲求不満という結果を持ち堪えることがますますできるようになると、積極的適応は徐々に減ってゆく」のだ。母親の失敗に対処する乳児の手立てには次のことが含まれる。


欲求不満の時間は限られているという乳児の経験が頻繁に繰り返されること。最初は、当然のことながら、そうした限られた時間は短いものでなくてはならない。

プロセスの感覚が増大すること。

心的活動の始まり。

自体愛的満足の使用。

思い出すこと、追体験すること、空想すること、夢見ること。すなわち、過去、現在、未来を統合すること。[10]

ウィニコットは、「ニードへの不完全な適応によって、対象はリアルなもの、すなわち、憎まれるとともに愛されるもの、になる」と述べている。このプロセスが「脱錯覚」である。

ウィニコットは、最早期の段階においては、環境が幼児のニーズに対して積極的適応を行うことで、幼児は「孤立」の状態にあると述べている。この状態において、「幼児は自発的に動き、自己感を失うことなく、環境を発見する」のである。環境の誤った適応は「侵襲」となり、幼児はその侵襲に対して反応しなければならない。こうした状況においては、自己感が失われてしまう。ウィニコットによれば、反応する必要性こそがトラウマなのだ。

抱える環境の本質的存在によって特徴づけられるこの場（親子関係：訳者注）で〝遺伝的ポテンシャル〟は〝存在することの連続性〟それ自体となってゆく。存在することに代わるものは反応することである。そして、反応することで、存在することは中断し、絶滅する。存在することと絶滅することは二者択一である。したがって、抱える環境は、その主要な役割として、侵襲を最小限に留めるのだ。[13]

ウィニコットによれば、この絶滅に瀕した幼児は「想像を絶する不安」を経験する。侵襲が最小限に留まるかぎり、錯覚から脱錯覚という発達プロセスが展開するが、侵襲が過度になると存在することの連続性が中断し、想像を絶する不安を経験することになる。

さて、ウィニコットは自発的身振りが「本当の自己 true self」であると述べている。そして、「偽りの自己 false self」は、「本当の自己が保護され」「侵襲への反応を受容するという防衛 - 服従のうえに築かれる」のだ。すなわち、偽りの自己とは、本当の自己の核を保護するものであり、絶滅の際に生じる想像を絶する不安への防衛なのである。本当の自己が、創造的であり、リアルを感じることができる一方で、偽りの自己は、不毛であり、リアルを感じることができない。存在することの連続性を体験している自己が「本当の自己」である。母親を含めた環境が存在することの連続性を妨げる事態をウィニコットは「侵襲」と呼んだのだ。

ウィニコットは、「一次ナルシシズム」という用語で、絶対的依存の時期の幼児、すなわち、母親に抱えられている幼児のあり方を指し示しているのである。ここにおいてウィニコットの思考は先述のフロイトの脚注と交差する。

この考えに基づき、ウィニコットは「退行」の治療的意義に踏み込む。次に、ウィニコットの治療論について検討する。

(c) ウィニコットの治療論——一次ナルシズムへの退行

ウィニコットは、「精神分析的設定内での退行のメタサイコロジカルで臨床的な側面[12]」のなかで、「技法と治療の成就の間にある差異」について強調している。すなわち、「技法が限られていても治療が成就することは可能であり、技法を高度に発展させても治療が成就しないことがありうる」のである。そのうえで、ウィニコットは「症例の選択」という問題を取り上げている。そして、分析家に求められる技法にしたがって、患者を三つのカテゴリーに分類している。

第一のカテゴリーに入る患者は、統一された人として機能しており、その問題は対人関係の領域に存在する。これらの患者の治療技法は今世紀（二〇世紀：訳者注）初頭にフロイトの手により発展したような精神分析に属する。

そして、二番目に来る患者は、パーソナリティの統一がようやく当然のものとしてもよいものになり始めたばかりの人たちである。実際のところ、分析は次のような最初の出来事を扱うと言ってもよいであろう。その出来事は、統一性を達成することだけではなく、愛と憎しみが集合することや依存を認識し始めることに属するとともに、本質的かつ即時にそれらの後に続くものである。これは思いやりの段階の分析、あるいは〝抑うつポジション〟として知られるようになったものの分析である。こうした患者には気分の分析が必要となる。この作業のための技法は、第一のカテゴリーにいる患者に必要とされるものと変わりはない。しかしながら、取り扱われる臨床素材の範囲が広がるためにマネージメントの問題が新たにいくつか生じることになる。私たちの観点からは、ここでは**分析家が生き残ること**という考えが力動的要因として重要である。

三番目のグループのなかに、実体としてのパーソナリティが確立される以前でそれに至るまで、そして、時空間がひとつのまとまりとなる事態が達成される以前、に存在する情緒発達の早期段階を分析家が扱わなければならない全患者が入る。パーソナリティ構造はいまだ堅固に築かれていない。この三番目のグループに関しては、強調点がいっそう確実にマネージメントに置かれる。そして、そうした患者の場合には、時に長期にわたり通常の分析作業は中止されなければならず、マネージメントがすべてとなる。(12)

ウィニコットによれば、この第三のカテゴリーに入る患者の分析においては、患者の退行を許容し、その結果を見守る必要があるのだ。さて、退行には次のような要素が含まれる。

環境の側の適応の失敗。その結果、偽りの自己が発達する。
もともとの失敗が修正される可能性を信じること。そうした事態は、複雑な自我組織を意味する退行への潜在的能力によって表象されている。
専門的な環境の提供。その後に現実の退行が生起する。
新たな前向きの情緒発達。(12)

まず、環境が適応することに失敗することで、「高度に組織化された自我 - 防衛機制」、すなわち偽りの自己が生起する。人は環境の失敗に対して「失敗状況を凍結すること」で防衛する。そうした防衛ができること自体は正常かつ健康的である。偽りの自己は、その後、「世話役の自己」となる。患者が世話役の自己を分析家に委ねると退行が生じ、失敗状況が解凍され、患者はその状況を再体験するのである。ウィニコットは、こうした事態を「依存への退行」と呼んだ。

さて、ウィニコットは、早期の自我発達について考える際の最終結果は「一次ナルシシズム」であると述べている。

> 一次ナルシシズムにおいて、環境は個人を抱えている。そして、それと同時に、個人は環境について一切知らず、環境と一致しているのである。[12]

そのうえで、ウィニコットは次のように論点をまとめている。

> 精神病は、個人の情緒発達の早期段階における環境の失敗と関連している。不毛と非現実感は、本当の自己を保護する際に発達する偽りの自己の発達に属している。
> 分析の設定は、最早期の母親業の技法を再現している。その事態が、その信頼性ゆえに退行を招く。
> 患者の退行は、早期の依存ないし二重依存への組織化された回帰である。患者と設定は一次ナルシシズムというもともとの成功した状況に溶け込む。
> 一次ナルシシズムからの前進が新たに始まるのは、本当の自己が、本当の自己を保護する偽りの自己を含む防衛組織がなくても、環境の失敗状況と出会うことができるようになるときである。
> これほど、精神病は患者の退行と結びついた専門的な環境提供によって脱却されうる。

今や、本当の自己が全体自我にその身を委ねる新しいポジションからの前進を、個人の成長に備わる複雑なプロセスという観点から研究することが可能となる。[12]

続けて、ウィニコットは臨床実践において生起する一連の出来事を次のように述べている。

1、信頼を与える設定を提供する。
2、患者は依存へと退行する。そこには当然のことながら危険の感覚が伴われる。
3、患者は新しい自己感を覚える。そして、従来隠されていた自己が全体自我にその身を委ねる。止まっていた個人のプロセスが新たに前進する。
4、環境の失敗状況が解凍される。
5、自我の強度という新しいポジションから、早期の環境の失敗に関連する怒りが、現在において感じられ表出される。
6、退行から依存に回帰し、独立に向かって順番に前進する。
7、本能的ニーズや願望が真正の生気と活力を伴って実現されるようになる。[12]

ウィニコットの治療論をまとめてみよう。第三グループの患者（精神病患者）の場合は、一次ナルシシズムへの退行と抱えること（実践的にはマネージメントが主となる）、第二グループの患者（躁うつ病患者）の場合は、気分の分析と分析家が生き残ること（実践的には通常の分析技法とマネージメント）、第一グループの患者（神経症患者）の場合は、対人関係の分析（解釈を中心とした通常の分析技法）が必要となる。これは症例の分類ではあるが、退行からの前進というプロセスについて時間を軸とした観点から眺めれば、第三グループの患者から第二グループの患者、そして第一グループの患者への移行というプロセスをウィニコットは考えていたのだろう。すなわち、第三グループの患者の治療においては、一次ナルシシズムへの退行を抱えることという局面から、治療者が生き残るということが重要となる局面を経て、解釈を主とする通常の精神分析技法でワークが進展する局面に至ると考えてよいであろう。

(d)ウィニコットの治療論から見た「大実験」の意義

ウィニコットは「成人に対する技法、の実際については、わずかな、逸話ていどの断片以外には、ほとんど展示[9]」してない。しかし、われわれは幸いにもウィニコットの治療を受けたリトル[9]の著作により、彼の治療の実際を知ることができる。以下、「大実験」と関連する部分を簡単にまとめる。

ウィニコットは退行したリトルを実際に抱っこしている。つまり身体接触を行っている。また、料金は据え置いたまま、セッションの時間を延長している。そして、自分の個人的情報、たとえば心筋梗塞を患ったことを彼女に伝えている。すなわち自己開示を行っている。リトルが身体症状により、分析に来ることができなくなったとき、彼は彼女の家に出向きセッションを行っている。さらには、リトルが入院する際には、ウィニコットは彼女を病院まで実際に連れて行き、退院するときも連れて帰った。このウィニコットのリトルに対する治療は奇妙なほどフェレンツィの「大実験」と似ている。

しかし、両者は技法に関しては類似する側面を持つが、治療論には相違点がある。フェレンツィの治療論は修正感情体験に基づき、よい関係を提供することに眼目があるのだが、ウィニコットの治療論は発達論、なかでも一次ナルシシズム論に基づき、ほどよい環境（そこには関係はまだ存在しない）を提供することに眼目がある。フェレンツィとともに「大実験」に踏み出したR・Nにしても、リトルにしても、治療過程のなかで「悪性の退行」を起こしているように見えるにもかかわらず、ウィニコットは生き残り、フェレンツィが文字通り死んだのは、この治療論の違いによる影響が大きいのではないだろうか。前述のとおり、フェレンツィの弟子であるバリントは一次ナルシシズムを徹頭徹尾否定している。フェレンツィの治療技法を洗練させたと言ってもよいバリントとウィニコットの最も根底にある理論（発達論）に重要な相違があるという事実は興味深い。

3　ジョン・ボウルビィ

ジョン・ボウルビィは、アタッチメント理論の創始者である。膨大な著作が存在するが、その多くは、科学的・理論的なものであり、臨床論を主として扱ったものは少ない。しかし、科学的・理論的論文からも、ボウルビィの臨床姿勢をうかがい知ることはできる。本書ではそこに焦点を当てていくつもりである。ボウルビィは、「最良のセラピーは、自然と直観的でありながらも、適切な理論に導かれる治療者によって施行される」(3)と語っている。さらに、次のように述べている。

直観を使用しており、しばしば名目上は賛同している理論があるように思われるにもかかわらず、理論に関しては特別に明確な考えを持たずに卓越した作業をしている分析家は数多く存在し、そのような精神療法家もそれなりに存在する。私はそうした心性を持っておらず、直観に恵まれているわけでもない。その代わりに、私は、患者の問題を理解しようとするなかで私が保持している理論を適用しがちである。そうした理論が適用可能な場合は作業はうまく運ぶのだが、そうではない場合は大きな不利益が生じるかもしれない。おそらく、私の取り柄は、話をよく聴くこと、および、理論に関して独善的に過

ぎることはないことであろう。(3)

すなわち、ボウルビィの臨床論を理解するためには、その理論、すなわちアタッチメント理論を理解する必要があるのだ。しかし、アタッチメント理論は膨大かつ精緻な体系を有しており、その全貌をここで取り上げることは不可能である。加えて、アタッチメント理論には、ボウルビィ以降の著しい発展も存在する。そこで、ここではボウルビィの臨床論を理解するために必要最小限の部分のみ取り上げ、解説することにする。

さらにもう一点、重要な事柄がある。それは、ボウルビィが精神分析を出発点にしているということである。ボウルビィが精神分析と訣別した理由や経緯、あるいはボウルビィの精神分析に対する見解を知ることは、ボウルビィの臨床論を理解するうえで不可欠な作業であると私は考える。その点についても解説したい。

(a)ボウルビィと精神分析

ボウルビィは、一九二九年に、英国の精神分析インスティテュートで精神分析の訓練に入った。そこでメラニー・クライン（クライン派の始祖）の友人であるリヴィエール夫人との分析を開始した。ボウルビィは、当初から、精神分析の理論に不満を覚えており、多くの証拠を求め、批判的な態度を取っていたという。スーパーヴィジョンも受けていたが、ボウルビィとっては得るところは少なかったようである。一九三七年には、ボウルビィは精神分析家の資格を得た。しかし、一九三六年から一九三九年にかけて、ボウルビィは「自分の考えが英国精神分析協会で受け入れられている真実とは相当に異なる方向に展開している、という事実を徐々に認識するようになっていった」のだ。当時メラニー・クラインが大きな影響力をもっていた英国精神分析協会では、分析家は患者の内的世界にのみ注意を払うべきであり、患者の実体験を無視する傾向が存在していた。ボウルビィは、それとは相反する立場にいた。そして、ボウルビィは、一九三八年から一九三九年にかけて、精神病理をもたらす家族状況を体系的に研究する。その間、ボウルビィは児童分析の訓練を受けていた。最初に担当した子どもの症例のスーパーヴァイザーがメラニー・クラインだった。クラインによるスーパーヴィジョンを受けている途中で、ある事件が起こった。

私に割り当てられた症例は、不安が強く攻撃的で多動の三歳男児であった。母親がクリニックに連れてきていたのだが、その役割は、私が彼女の息子を治療している間、待合室に座っていることであった。彼女が強い不安を持つ情動不安定な女性であるという事実が関連していることは考慮されなかった。それで、私は母親との時間を持たないように指示されたのだが、それは耐えがたい取り決めであった。三か月後、この女性が精神科病院に入院したという便りが私に届いたが、まったく驚かなかった。

しかしながら、私が本件をメラニー・クラインに報告した際に、彼女の唯一の懸念は、その少年の分析を継続することがもはや不可能となった以上、別の患者を私のために見つけなければならない、という点だけだったようだ。その少年の行動が母親の彼への扱い方への反応であるという可能性については、クラインはまったく見逃しているようであった。(3)

また、ボウルビィはメラニー・クラインを次のように評している。

早期発達段階や死の本能が果たす役割に関する彼女の諸理論は私には荒唐無稽に思われた。また、彼女には子どもの現実の体験に対する注目が欠けていることに愕然とした。(3)

この衝撃的な経験を経て、ボウルビィは自身の選択した分野にいっそう専念するようになり、一九三九年には、母性はく奪の悪影響を取り扱った論文を発表した。ボウルビィは、第二次世界大戦中は陸軍精神科医として働いている。終戦後、ボウルビィは訓練分析家を目指すという選択肢もあったが、精神分析とは距離を取る方向に向かう。そして、精神分析とは根本的に異なるアタッチメント理論を創出したのであった。

幼児の母親に対する結びつきに関する二次‐欲動、依存理論、およびクライン派の代替理論を捨てたので、最初の課題はさらなる代替理論を定式化することであった。ここからアタッチメント行動という概念がもたらされた。(2)

さて、ボウルビィの精神分析に対する考えについてもう少し詳しく見ていくことにしよう。ボウルビィは、精神分析を「精神分析という技術と、精神分析的心理学という科学(2)」の二つの側面を持つとしている。臨床家は、特定の個人を対象にしている。もちろん、個人は一人ひとり、独自の特徴を有している。一方、科学的研究者は、特殊性を無視して、単純化に努める。そして、臨床家は、特定の理論や自己の経験に準拠する。一方の、科学的研究者は、常に他者からの批判と自己批判にさらされ、常に新しいデータによってその理論は更新され続けなければならない。

〝精神分析〟というラベルの下に、二つの補完的な学問分野が命脈を保ち、発展しようと努めていることは明らかであろう。パーソナリティ発達や精神病理を説明する一般原理を理解しようとするかぎり、たとえば、どのような養育形態がどのような種類のパーソナリティ形成をもたらしやすいのかを知ろうとするならば、自然科学の基準を採用することが必要となる。

また有効なセラピーに必要不可欠な特徴を理解しようとする際も、同様である。これらの分野では、統計的確率が扱われている。ある個人のパーソナルな問題や、どのような出来事がその発達に寄与するかを理解することに関心があるかぎり、私たちがその人を援助しようとするならば、歴史科学の基準を採用することが必要となる。[2]

ボウルビィは、多くの精神分析的臨床家は後者であると考えており、精神分析理論を自然科学とは考えていなかった。そして、ボウルビィは、心理学や精神病理理解は、自然科学的姿勢、すなわち、他者からの批判と自己批判に基づくべきであると考えていた。この姿勢は、多くの精神分析的臨床家に欠如しているものである。もちろん、新しい経験的データをもとに精神分析理論を豊かなものにするという試みもあるが、それは、ボウルビィにとって、「新しい経験的データというワインを古い理論という瓶につめようとした[2]」だけであった。むしろ、他の自然科学の知見も取り入れ、精神分析理論を超えて新しい理論モデルの創出することが肝要であるとボウルビィは考えているようである。

(b)アタッチメント理論の概要

アタッチメント理論の全容について精緻に解説することは本章の役割をはるかに超えており、また、その必要もないであろう。したがって、ここでは、ボウルビィ自身によるアタッチメント理論に関する簡潔なまとめをさらに要約することにする。要約する著作は『母子関係の理論 Ⅲ対象喪失[1]』の「第三章　概念的枠組」である。

(a)独自の力動を持つアタッチメント行動は、他とは区別された好ましい個人に対して接近を達成したり、その接近を維持す

る人に生じるような行動様式と考えられる。（中略）

(b)独自の力動を持つ類の行動として、アタッチメント行動は、摂食行動や性行動とは明確に異なるものであると考えられ、少なくとも人間生活においては同程度の重要性を有している。

(c)健康な発達過程を辿る場合、アタッチメント行動のおかげで、当初は親子の間で、そして後には成人同士の間で、愛情のきずなあるいはアタッチメントが発展してゆく。（中略）

(d)他の本能的行動形態と同様に、アタッチメント行動は、早期発達段階において、目標修正的なものとなる行動システムによって調停される。（中略）アタッチメント行動の目標は、識別されたアタッチメント人物（人物たち）に対して、ある程度の接近を維持すること、あるいは、ある程度のコミュニケーションを続けることである。

(e)アタッチメントのきずなが持続する限り、それに寄与するさまざまな形態のアタッチメント行動は、必要な場合にのみ活性化する。このように、アタッチメント行動を調停するシステムは、ある種の条件、たとえば未知、疲労、脅威となる何か、アタッチメント人物を利用できないことやアタッチメント人物が反応しないこと、によってのみ活性化され、そして、別種の条件、たとえば馴染みのある環境やアタッチメント人物を容易に利用できることやアタッチメント人物が反応すること、によってのみ終了する。（中略）

(f)アタッチメント関係の形成期、持続期、崩壊期、再形成期に、最も強烈な情緒の多くが生起する。（中略）喪失の脅威は不安を引き起こし、現実の喪失は悲嘆をもたらす。またこれら両者の状況は怒りを引き起こすだろう。（中略）

(g)アタッチメント行動は、多くの種の進化過程において、それらの種のひとつの特徴となっている。というのも、アタッチメント行動は、養育者（たち）と接触を保ち、それによって危害を被る危険性を低減することで、個人が生き残ることに寄与しているからである。（中略）

(h)アタッチメント行動を補完する行動や、補完機能に資する行動、すなわち、アタッチメントを向けられる個人を保護する

行動は、世話である。（中略）

(i)アタッチメント行動は、生涯を通じて活性化される可能性があり、また生命にかかわる生物学的な機能も果たすと考えられるので、アタッチメント行動が大人において活性化される際に、それを精神病理の兆候や未熟な行動への退行と想定することは重大な誤謬である。（中略）

(j)精神病理は、ある人の心理的な発達が逸脱した経路を辿ったことが原因であると見なされる。そして、精神病理は、その人が何らかの早期発達段階に固着していることやその段階に退行していることが原因であるとは見なされない。

(k)アタッチメント行動の障害されたパターンは、発達が逸脱した経路を辿ったことが原因なので、あらゆる年齢において存在するだろう。（中略）

(l)個人のアタッチメント行動が発達する経路と、それが組織化されるパターンの主要な決定因子は、個人が未成熟期（乳児期、幼児期、青年期）にアタッチメント人物との間に持つ体験である。

(m)個人のパーソナリティの内部で、個人のアタッチメント行動が組織化されるようになる途上で、個人の生涯における愛情のきずなのパターンが転回する。[1]

このボウルビィの美しくも簡潔な説明につけ加えることはあまりないのだが、アタッチメントとアタッチメント行動を区別することは重要である。

ある幼児（あるいはもっと年嵩の人）について、誰かにアタッチメントしている、ないしアタッチメントを抱いていると語るとしたら、それは、幼児がその個人に接近と接触を求める強力な性向があること、そして、ある特定の条件では特にそうすること、を意味している。このように行動する傾向は、アタッチメントを有する人の属性であり、時の経過とともに変化してもほんのわずかであり、その瞬間の状況にも影響されない持続的な属性である。対照的に、アタッチメント行動は、その人が望ましい接近を獲得し、そして／あるいは、維持するためにときどき行うさまざまな形式の行動を指している。(2)

(c)パーソナリティの発達に関するボウルビィの見解

力動的精神療法は発達と病理に関する理解に基盤を置いている。ボウルビィは、進化論、比較行動学、現代生物学、現代心理学に準拠し、自然科学の観点から、精神分析的発達論を修正するとともに、精神分析のメタサイコロジーを再公式化した。

ボウルビィの出発点は次のようなものである。

①個人間における親密な情緒的きずなの原初的な状態と生物学的機能、それらを形成し、維持することは、相互関係のなかで自己やアタッチメント人物に関するワーキングモデルを利用しながら、中枢神経系の内部に位置するサイバネティックなシステムによってコントロールされていると仮定されている。

②両親、とくに母親－人物の子どもを取り扱うそのやり方が、子どもの発達に及ぼす強力な影響、そして、

③乳幼児や児童の発達についての現在の知見によって、発達の経路についての理論が、人が固着する、そして／あるいは退行すると考えられる特定の発達段階を引き合いに出す理論にとって代わることが必要とされていること。(2)

ワーキングモデルについては解説が必要だろう。

ボウルビィは、ワーキングモデルを、当初、表象モデルと表現していた。ワーキングモデルは、こころのなかに貯蔵された両親や自己の表象である。それはエピソード的ではなく、意味的に貯蔵される。このワー

キングモデルは、実際の両親（アタッチメント対象）との相互作用のなかで発達する。また、アタッチメント行動は、中枢神経系内の制御システムによって組織されている。アタッチメントの制御システムとワーキングモデルの連関は、生涯にわたって機能するパーソナリティの中心的特徴である。

そして、幼児期に、実際に両親が幼児をどのように扱うかという点からアタッチメント・パターンが形成される。そのパターンは、幼児期以降も持続する傾向がある。すなわち、子ども自身の資質となっていくのだ。

二〜三歳までに、母親や母親の自分に対するコミュニケーションや行動の様式、それに相当する父親の様式、両親と相互交流を行う自分自身、これらのモデルが形成され、その後も、この認知構造は影響を及ぼす。自己についてのモデルは、両親が幼児に抱いているイメージも反映している。

ボウルビィは、精神分析の固着や退行といった発達モデルを否定し、健康な発達と一致する経路と健康な発達と適合しない経路が存在するとした。しかし、ボウルビィは、発達の方向性は固定されておらず、よい方向への変化も、悪い方向への変化も起こりうると考えている。

(d)ボウルビィの治療論

ボウルビィの治療論における、治療者の役割は、「患者が自分自身やアタッチメント人物についての表象モデルを、治療的関係のなかで得た、新たな理解や新たな体験に照らして、再評価、再構成することを目的として、探究することができるような条件を提供すること[2]」である。その具体的なあり様は以下のようになる。

第一の役割は、患者に安全基地を与えることである。そこを基点として、患者は、人生における多様な不幸で苦痛に満ちた諸側面（過去や現在の）を探究することができるのである。（中略）
第二の役割は、患者が探究する際に、それを援助することである。それは、患者が現在の生活における重要な人物と関係を築くその様態を検討するよう励ますことによって、援助するのである。（中略）
治療者が患者に精査するように励ます、そして、第三の課題を構成する特別の関係は、患者と治療者の間にある関係である。この関係のなかに、患者はアタッチメント人物が自分に対して、どのように感じたり振る舞ったりしがちであるかということについての、自身のあらゆる認識、構成、期待をもちこむだろう。それらは、両親と自己に関する患者のワーキングモデルによって規定されているのだ。
第四の課題は、患者の現在の知覚や期待、そしてそれらが産み出す感情や行動が、子ども時代や青年期に出会った出来事や状況、特に両親との間での出来事や状況の所産である様態、あるいは、両親に繰り返し言われてきたことの所産である様態を検討するよう患者を励ますことである。（中略）
治療者の第五の課題は、過去の苦痛に満ちた経験、および親が発した誤解を招くメッセージに由来する、自分自身や他者についてのイメージ（モデル）が（中略）自分の現在や将来にとって適切か否かを患者が認識できるようにすることである。(2)

このような治療者の援助を通して、患者はイメージ（モデル）が導く考えや行動を認識し、新しい方法で感じ、考え、行動できるようになるのである。
ボウルビィの治療論は、精神分析における転移概念を基盤にしているように見える。そして、患者に安全基地を提供するという考えは、ウィニコットの「抱えること」との親近性がある。ボウルビィと精神分析の違いは、精神分析が無意識的空想としているところを、ボウルビィは現実の相互作用の当然の所産と考えているところである。また、精神分析が治療者の解釈を重視するのと対照的に、ボウルビィは患者が自身で発見することを援助するという姿勢を持っている。ボウルビィは「幸運にも、人間のこころは、人間の骨のように、自己治癒に向かう強力な傾向がある。精神療法家の仕事は、整形外科医の仕事のように、自己治癒が最大限に生起するような条件を提供することである[2]」と述べている。ボウルビィによれば、患者は精神分析的臨床家を「冷たく非共感的な仕方で反応し、それは完全に患者の両親のどちらかとそっくりである」と体験する危険性があるのだ。ここにフェレンツィの『臨床日記』の反響が認められる。

ボウルビィの治療論は、やや認知重視のように見える。しかし、ボウルビィは「人生の最早期においては、情緒の表現やその受容が私たちが保持するコミュニケーションの唯一つの手段である。したがって、自己やアタッチメント人物についてのワーキングモデルの基盤は、必然的に、その情報源からの情報だけを用いて据え置かれる。それゆえ、もし、精神療法の過程でアタッチメント関係を再検討したうえで、自身のワーキングモデルを再構築していくならば、決定的な役割を果たしているのは、患者とセラピストの間の情緒的コミュニケーションとなる[2]」と述べている。

(e)ボウルビィと退行

ボウルビィは「退行」という用語を拒絶している。次に、ボウルビィの考えを明瞭に表している文章を二つ引用する。

依存性という言葉は、常に低い評価を帯びている。そして、依存性は、早期にのみ認められる特徴であり、成長とともに捨てられるべきものと見なされる傾向にある。結果として、臨床サークルにおいて、後年、アタッチメント行動が現れるときはいつでも、残念な事態と見なされるだけではなく、退行的と名づけられるという事態にしばしば陥った。このような考えははなはだしく誤った判断であると私は信じている。(2)

アタッチメント行動について私が強調しておきたいもうひとつの点は、それが生涯を通じて（すなわち、揺りかごから墓場まで）、人間性の一特徴であるということである。アタッチメント行動は、通常、幼少期と比べると青年や大人においては強くもなく、激しくもないことは明らかである。しかし、ある人が不安や苦痛を体験する際に、愛情と世話を差し迫って求めることはきわめて自然なことである。したがって、誤解を招く理論のために、〝幼児的な〟や〝退行的な〟といった軽蔑的な形容詞が臨床サークルにおいて現在広く流布していることは相当に不幸な事態である。それらの言葉を私は決して使用しない。(2)

ボウルビィは、いわゆる退行現象を困難な状況において愛情と保護を求めるアタッチメント行動と見なしているようだ。しかし、アタッチメント行動が幼児期に支配的である以上、幼児期以降にアタッチメント行動が顕著になる現象を退行と名づけるかどうかは、科学的な問題ではなく、信念の問題と思われる。ボウルビィは、退行という言葉や概念にネガティブな意味合いが纏わりついているがゆえに、この用語を拒否しているだけで、退行現象そのものやその意義を拒否しているわけではないと私は考える。

現象を退行と名づけるかどうかは重要ではない。ポイントは、ボウルビィが患者に安全基地を提供することが重要と考えていることである。ボウルビィの著作を読んでも、安全基地を提供するということに関する治療者の具体的なあり方は明瞭ではない。しかし、安全基地を提供することは早期母子関係の本質であることから、精神療法家が母親的な機能を果たすことを精神療法の基本的構成要素と考えていたことは確実である。ボウルビィは、患者に安全基地を提供することで、患者が自由に探索できることが治療的意義を持つと考えているようだ。ボウルビィは探索の重要性を強調しているが、患者自身による発見を重視しており、さらには「自然治癒」について言及している。これらの点を総合し、私は、患者に安全基地を提供すること自体の治療的意義を強調したいと思う。ここにおいて、ボウルビィの治療論はウィニコットの治療論と深く交錯することとなる。

小論　「依存的薬物精神療法」という実験——治療的退行の極北

1　はじめに

かつて日本において退行の治療的意義を突き詰めた試みが存在した。それは日本の精神分析の第一人者であった西園昌久が中心となって実践した「依存的薬物精神療法」である。この試みは現在の医療状況では実践不可能と思われる。しかし、その意義と可能性に関しては、再検討する価値が十分にある。しかし、「依存的薬物精神療法」を包括的に再検討することは本書の範囲を超えている。ここでは「依存的薬物精神療法」の概略を記述し、私なりの理解を素描するに留めるつもりである。

2 「依存的薬物精神療法」の概要

「依存的薬物精神療法」に関しては、『薬物精神療法　第二版』[1]（西園昌久、医学書院、一九七〇年）にある詳細な記述を要約する。

「依存的薬物精神療法」は、アジマの依存療法を基礎に西園によって開発された技法である。アジマは、持続睡眠療法を精神分析の観点から検討し、治療的退行が治療成績に影響することを見出した。そして、催眠剤を使用することで、生理的睡眠に近い持続睡眠を導入し、精神分析的精神療法と受容的看護を提供するという技法を編み出した。この技法の特徴は以下のようになる。

(1)まず催眠剤によって傾眠に導くこと。(2)自由連想や夢、空想を誘導すること。(3)それに対して解釈を行なうこと。(4)ある時期、徹底的に保護的看護を行なうこと。それは人格発達初期の母親との共生的関係、あるいはその象徴的な関係の再現をねらう[1]。

西園は、「情緒の緊張がゆるんで退行し、治療者患者間に患者にとって基本的な対象関係である幼児的態度が再生され、治療状況で再体験によって成長されること」を強調し、アジマの技法に修正を加え、それを「依存的薬物精神療法」と呼んだ。主たる使用薬物はレボメプロマジンであった。西園は、比較的大量のレボメプロマジンを患者に漸増的に投与し傾眠を導入することに並行して、心理的防衛を崩して精神分析的操作を加えた。すると、患者は退行し、極端に幼児化する。西園は、「この時期の患者はかなり印象的で、子どもそのままに甘え、恐がり、なげく[1]」と述べている。

「依存的薬物精神療法」の設定に関しては以下の点が重要である。まず、この治療は入院という設定で行われるが、病室は個室が選ばれ、家族や他の患者との交渉も最小限とされた。この治療法が導入されるのは、基本的に、他の精神療法や薬物療法が無効だった患者である。精神科医と患者の面接は自由連想を基盤としている。セッションは、おおよそ、週四～六回、一時間～一時間半行われたようである。

そして、私の考えでは、「依存的薬物精神療法」の最も重要な点は、精神療法を担当する精神科医と薬物療法を担当する精神科医が同一であることを望ましい設定としたことである。このことは、薬物を用いて退行を促進している以上、当然のことであろう。現在の心理臨床状況では、精神療法において、A-T split、すなわちAdministrator（管理者）とTherapist（精神療法家）を分割すること、が主流となっている。それは、管理者がマネージメントを通して治療全体を抱え、そのもとで精神療法家は精神療法に専念するというシステムである。このシステムに一定の意義があることは間違いない。しかし、「依存的薬物精神療法」に限らず、退行とその取り扱いが重要となる精神療法においては、マネージメントを行う管理者と精神療法を行う精神療法家は同一人物であることが望ましいと考える。特に、具体的な抱えを提供することが必要となる重篤な病理を有する患者の精神療法に関しては、管理者と精神療法家は同一人物であるべきである。それは、マネージメントは単に治療状況を支えるという働きをしているだけではなく、マネージメント自体が精神療法の本質的機能と同等の機能を果たしているからである。そして、この場合の本質的機能とは母性的世話のことである。ここで再度、ウィニコットの満足のいく親の世話についての見解を引用する。

(a)抱えること holding。

(b)母親と幼児が共に生きること。ここでは、父親の（母親のため環境に対処する）役割を乳児が知ることはない。
(c)父親、母親、幼児が三人揃って共に生きること。(2)

母親と幼児のユニットを全体として支えることが父親の機能である。しかし、抱えることの段階では第三章で論じた一次ナルシシズムが心的な現実であり、母親と幼児が共にいる段階では幼児は父親の存在を知ることはないのである。すなわち、第一段階にしても第二段階にしても、母親による世話（マネージメント）が幼児にとっては最も重要である。第一段階と第二段階の違いは、幼児が母親という外的対象が自分の世話をしているという事実を知っているか否かの違いである。患者が幼児段階まで退行しているときには、管理者にせよ精神療法家にせよ、どちらにしても母親として機能することが期待される。母親的役割を果たす人物が複数いると幼児段階に退行した患者は混乱するであろう。むろん、すでに大人である患者が全面的に幼児段階に退行することは不可能である。「依存的薬物精神療法」にしてもやはり退行は部分的に留まり、退行の極みに達してもどこかに大人の現実検討は残っていると考える。それでもやはり、患者の退行が深まり、それが治療的に機能するためには、混乱の可能性がある要因はできるだけ排除することが望ましいので、管理者と精神療法家が同一人物であることが必要となる。

さて、退行が深まると、患者は依存性が高まると同時に口愛的欲求が亢進する。すなわち、食欲が増進する。患者の食欲が増進した際には、可能なかぎり、空腹を満たすようにする。そして、哺乳瓶を使用して牛乳や砂糖湯を与えることで、退行を促進するとともに、口愛的欲求を満足させる。退行のなかで、一過性の精神病状態が出現することもある。

「依存的薬物精神療法」における精神療法の実際はどのようなものだったのだろうか？　西園は、解釈を主として用いているとはいえ、「患者の無意識的欲求の対象となって、現に患者が満足する働きかけさえもなされる」と述べている。つまり、「患者の人格発達に必要だったが実際には得られなかった対象として医師が働きかける」のである。退行した患者は、精神科医や看護師に具体的ケアを求めるが、その際には「ためらいなく手を差し伸べることが治療を速やかに促進する」のだ。本治療的試みにはある種の修正感情体験という発想も存在していたようだ。その後、患者の自我が成長すると、精神療法は通常の精神分析的なものに移行していく。

さて、「依存的薬物精神療法」において、看護師の果たす役割はきわめて重要である。看護師は、患者の退行に合わせて、患者の欲求を満たす役割を果たす。すなわち、できるだけ長い時間を患者と共に過ごして、具体的な世話を積極的にするのである。しかし、この役割を看護師に要求することは現実的に考えると過大であろう。「依存的薬物精神療法」の実践を思い描いてみると、やはり、具体的な世話をするのは精神科医よりもむしろ看護師の役割が主となる。しかし、ここにある困難が生じる。精神科医と看護師が共に母親的機能を果たすということが先ほど指摘したような複数の母親の存在という混乱を治療状況にもたらす可能性がある。精神科医が父親的機能を果たし母親的機能を果たす看護師と役割分担すると、A-T split と同じ実態となってしまい、「依存的薬物精神療法」の本質が失われてしまうだろう。ここに入院設定であるがゆえの原理的困難が存在するのだが、この問題は実施上のものであり、これ以上ここで検討することは困難なので、問題点を指摘するに留める。ただし、この困難はウィニコットの言う第三段階への退行ならば、むしろ利点となるかもしれないのだが。

「依存的薬物精神療法」の三要素は、大量の薬物使用、精神科医による精神分析的精神療法、看護師による母性的世話である。西園は、退行により病的な防衛を解消し、精神科医との強力な依存的関係のなかで精神科医を取り込み、対象関係が変化し心身が安定統合すると考えている。西園は、やはり精神分析的体験を重視しているようだ。

3　私の考える「依存的薬物精神療法」の治療機序

私は、「依存的薬物精神療法」の治療的意義は患者の退行とそれへの抱えを提供すること自体にあると考える。そもそも、入院という治療環境が退行促進的である。私の個人的経験からも、入院のなかで、特に保護室を使用すると、退行が深い水準に達し、そこから前進することで心的変化が生起するということがしばしば認められた。「依存的薬物精神療法」では、退行した患者に対して、主として看護スタッフが具体的な世話を提供することで、患者の退行がいっそう深まっていくというプロセスを辿っているように見える。私は、この体験そのものが持つ治療的な力を強調したい。ただし、本治療法には、退行臨床の観点から眺めると、精神科医と看護師の役割分担という治療に困難をもたらす可能性がある問題点が存在する。おそらく、母性的世話に備わるいくつかの機能を分割し、精神科医と看護師が役割分担をしていたのだろうと想像するが、一人の人間がそれらの機能を併せ持ち、患者に母性的世話を提供するほうが混乱は少ないと考える。

西園は「依存的薬物精神療法」の適応について記述している。この知見は、この特定の治療法の適応という点のみならず、治療的退行が有用である患者とはどのような患者なのかという問題を検討するうえで非常に示唆的である。

第Ⅱ部

退行の臨床応用

イントロダクション

第二部は、退行の治療的意義と退行臨床の実際についての私自身の考えを述べるつもりである。私の臨床実践の歴史のなかで退行臨床についての考えが形成されてゆく過程を提示し、解説を加えたい。

私は、精神科医となってまもなく、非常に印象的な症例に出会った。当時の私は、退行の治療的意義についての先人の研究をまったく知らなかった。私は地を這うような臨床のなかで、治療因子としての退行と巡り合った。第四章では、この症例を臨床素材にして、私が精神療法のなかで退行とその治療的意義をいかに見出したのかという点について記述する。その後の精神科臨床のなかでも（主として入院治療）、退行が重要な治療転機となった症例をいくつか経験し、私は退行の臨床的重要性を確信することとなった。

しかし、一方で、退行は激しい行動化を招くことが多々あった。特に重篤な精神病理を有する患者との精神療法過程においては顕著であった。みずからの臨床的判断をもとに、入院という設定を使用し、入院時も主治医として対応できる立場であれば、この水準の退行を抱えることができる場合もある（むろん、十分に抱えることができなかった症例もある）。しかし、私が入院設備がある病院で臨床実践を行っていたのは最初の数年であり、それ以降、私の臨床の場は精神科の外来となった。入院という固い構造で患者の退行を抱えることができなくなり、私は患者の選択という問題と技法の修正という問題をともに抱えることとなった。退行には大きな治療的意義があるのだが、患者にとっても治療者にとっても少なからずリスクがある。その頃に、私はある症例と出会い、その精神療法過程から外来における退行とその抱えという点について思索を深めることができた。第五章では、この症例を臨床素材として、前述の事柄について解説したい。

ここ数十年、私の精神療法実践の場は、主として心理相談室となっている。孤独な職場であり精神科の外来以上に脆弱な構造である。そのため、従来と比して、さらにさまざまな工夫が必要となった。第六章では、ある症例を臨床素材として用いて、現在の私がどのような設定で臨床実践を行っているのか、そして、どのように患者の退行を扱っているかについて解説するつもりである。

第四章　退行臨床事始め

1　はじめに

私は、初心の精神科医だった頃、退行の臨床的意義を考えるきっかけとなった症例と出会った。当時の私は、退行理論について何も知らなかった。もちろん、精神分析についても、学問としてはそれなりの知識があったが、臨床の道具とは考えていなかった。当然のことながら、精神分析の主流派が退行の治療的意義について完全に無視しているという政治状況についても無知であった。私はただ、ある症例と出会い、その精神療法が自発的に辿るプロセスに導かれる形で退行の治療的意義に触れたのであった。本章では、この症例を臨床素材として、私の退行臨床事始めを素描しよう。

2 症例 既婚女性A

Aとの出会いは精神科の外来である。彼女は精神医学的にはパニック障害と診断されていた。私と出会う数か月前から某病院に通院していた。当時、私は駆け出しの精神科医であり、その病院に赴任し、前任の精神科医より彼女の治療を引き継いだ。

初対面時、Aはやや緊張しているように見え、私は全般的に不安の程度が高いという印象を持った。彼女は小柄であり、服装は整っており、年齢相応の雰囲気である。彼女の口調は丁寧であり、私の質問には的確に返答した。私はまずここまでの病歴と生活史をカルテの記載をもとに確認した。

Aは初診の一年ほど前に重篤な不整脈を発症した。そのため心臓ペースメーカーを使用することとなる。経過は順調であったが、取りつけて数か月後に最初のパニック発作に襲われた。彼女は心臓が止まってしまうのではないかとの恐怖に襲われた。総合病院を救急受診したが、ペースメーカーは順調に作動しており、身体的異常は認められなかった。そのため、精神科疾患を疑われ救急から精神科受診を勧められた。精神科においてパニック障害と診断され、薬物療法が開始される。しかし、Aの症状は薬物療法に抵抗し、相当の量の抗うつ剤と抗不安薬が処方されたが、症状の改善は認められなかった。パニック発作は頻発していた。また、強度の予期不安のため広場恐怖が生じており、一人で外出することができなくなり、日常生活は甚大な制限を被っていた。そのような状況で私と彼女は出会ったのだ。

小児期のAは活発な子どもであり、母親の手を焼かせることが多かったという。中学校時代のあるとき、彼女は、母親から「お前のことを見ていると、心臓が止まりそうになる」と言われた。その日の夜、母親は重篤な不整脈により心停止状態に陥り亡くなった。Aが母親と同じ重篤な不整脈を発症したのは、母親が死亡したときとちょうど同じ年齢に彼女が達したときである。彼女の社会適応と対人関係は全般的に良好であった。社会人生活を数年経た後に結婚した。結婚後も日常生活に特段の困難は存在していない。夫婦仲も良好である。

私はAの病歴を確認し、彼女の不整脈の背後に母親の死をめぐる力動的状況が存在すると理解した。そして、パニック障害の症状が薬物療法に対して強い抵抗性を示していることの背景に母親の死をめぐる葛藤が存在すると見立てた。私は、母親の死という対象喪失をめぐって、Aのこころにおいて喪の作業が十分に進展していないのだろうと考えた。彼女の社会適応がここまで良好であること、パーソナリティ障害の特徴を有していないことを鑑み、病態を神経症水準と評価し、精神療法の適応と判断した。また、薬物療法が無効だったこともあり、Aの精神療法への動機づけも高かった。私はAと外来における週二回四五分の対面による精神療法の契約を結んだ。

精神療法面接に入ると、彼女は母親の死をめぐる過去の葛藤や夫をめぐる現在の葛藤、そして、今－ここで生成している転移感情について豊かな連想を行った。精神療法は進展しているようであった。しかし、一方で症状は改善するどころか、悪化の一途を辿り、Aはいっそう情動不安定になっていった。精神療法開始後半年ほどで、治療は行き詰まりの雰囲気を醸し出すようになっていった。

パニック発作がなおいっそう頻発するようになり、そのため広場恐怖はその強度を増したこともあり、日常生活における制限は増大した。それに伴い夫へのしがみつきも強まり、夫が提供できる世話や対処も限界に達してきたようだった。そのため、本人や夫と相談のうえ、入院治療により状態の立て直しを図ることにした。入院においては、精神療法は週三回四五分の設定とした。入院となり、Aは安心した様子であったが、症状は一段と悪化していった。そして、退行したAは私に対して依存的となり、しがみつきを見せるようになった。彼女は、定期的な面接だけではなく、症状の出現や不安を理由に定期外の面接を求めるようになる。私は彼女の要望を原則として受け入れた。当時の私は初心の臨床家であり、この事態を自分の失敗と捉え、自分が精神療法を導入したことでAが極度の退行状態に陥ったことに罪悪感と無力感を体験していた。それゆえに、私はAの要求にできるだけ応えることで過剰に補償を行い、そのため彼女はいっそうの退行に陥るという悪循環が生じていた。

入院して一か月ほど経ったあるとき、症状は不安定であったが、Aに拠所ない所用が生じ、彼女は数日間、自宅に外泊することになる。その際に、彼女は夫との行き違いから、口論になり、包丁を振りまわすという事件が起こった。そして、彼女は外泊を途中で切り上げて帰院した。先述のように、発症前のAは社会的適応がよく、発症後も症状は難治であったが、行動化傾向は見受けられなかった。Aには自傷行為や自殺企図や他害などの既往はない。この事件が起こったとき、私の罪悪感と無力感は頂点に達した。私はもう駄目だと思い、絶望感に浸った。しかし、私は、この状況をもう少しだけ持ち堪えようと思った。私のなかに状況を持ち堪えれば事態が好転するというポジティブな展望があったわけではない。また、このときの私には適切な臨床的助言を得る場も存在しなかった。何かよりよい対処法を思いつくこともなかったので、私は今まで通り、ただ、決められた面接時間に彼女と時間を共にし、定期外の面接の希望があるときは原則としてそれに応じた。私は、ただ責任感と根性だけを頼りに、この状況を持ち堪えた。

この事件を契機に、Aはなぜか落ち着きを取り戻していった。このとき私は特別な介入を一切行っていない。厳密に言えば、行うことができなかったのだ。また、入院中は薬物の調整も行っていない。しかし、彼女は極度の退行状態を脱し、私にしがみつくこともなくなっていった。定期外の面接を求める頻度も減じていった。そして、それとともに、彼女の精神症状は劇的な改善を見せた。パニック発作は消失し、全般的な不安も減じた。病棟において、彼女はゆとりを持って入院生活を送っているという風情になった。症状が改善し、退行から前進しゆとりを取り戻したこともあり、Aは退院となり、精神療法の場は外来に移行した。入院期間は約二か月間である。

外来に移行した後、精神療法を実践しつつ、慎重に減薬を試みた。退院後半年間で、定期薬の服用をすべて中止することが可能となった。頓服薬として少量の抗不安薬のみ処方していたが、Aが服薬することはほとんどなかった。日常生活における制限は消失した。夫や私に対する依存やしがみつきは影を潜めた。また、精神療法においては母親の死という対象喪失にまつわる喪の作業が進展した。この頃、私の異動が決まる。彼女は私の異動という状況を知っても、それなりの衝撃を受けたようであったが、精神症状が悪化する事態とはならず、現実的に受け入れたようであった。そして、対象喪失のテーマは転移のうえでも穏やかに展開し、ワークが進展していった。

別れのとき、彼女は別離に伴う寂しさについて言及したが、不安についてはみずから抱えることができているようであった。

精神療法の期間は一年半ほどである。

3　Aの精神病理をめぐる考察

Aの精神病理の中核にあるのが、母親の突然の死であることは明白であろう。前述のように、Aに手を焼いていた母親は「お前のことを見ていると、心臓が止まりそうになる」とAに言った。おそらくこれは母親の口癖であったと思われる。しかし、母親はこのことをAに言った直後に実際に心臓が止まり死亡した。この事態に対して、Aが極度の罪責感を抱いたのも無理からぬことである。この罪責感があまりに強く作用したために、母親の死という対象喪失をめぐる喪の作業が十分に進展しなかったのであろう。

Aは母親が死亡した年齢に至ったとき、みずから母親と同じ重篤な不整脈を発症した。この事態は、滞っている喪の作業を進展させる必要があるとの無意識の判断に根がありそうである。しかも、この病気は心気的なものではなく、致死的となりかねない身体疾患の形を取ったことからも、強力な影響力を持つ病理が存在していると想定される。この病気に対しては、心臓ペースメーカーという医療技術で対処された。心臓ペースメーカーはAの病理が実際の身体疾患という形で外に現れ出でるのを妨げることになった。そうなると、Aの病理はパニック発作という心理的な不整脈という形式を取るしかなくなったようだ。言うなれば、Aは繰り返し母親の死を自分の身体を借りて再体験したのだった。母親という対象の喪失に際して、Aは母親を取り入れることで対象喪失に伴う抑うつや葛藤を防衛したのであろう。思春期のAにとって、母親の死をめぐる喪の作業を進展させることは困難であり、このような形の防衛に頼らざるをえなかったのかもしれない。Aには通常の薬物療法は無効であった。前医の彼女に対する薬物療法は、薬物の選択に関しては妥当であり、使用量も十分であった。Aが臨床的改善に向かうためには、母親という対象の喪失にまつわる喪の作業が進展する必要があったのである。

先述のように、Aの精神病理の中核にあるのが母親の突然の死であることは明白なのだが、これは母親の死がAに外傷的に作用したということを意味しているだけではない。Aが治療プロセスのなかで、極度の退行状態に陥ったことを考えると、母親の突然の死は、早期母子関係における心理的状況のスクリーンメモリーである可能性がある。当時の私は早期母子関係という発想を持っていなかったため、Aとの精神療法プロセスのなかで、それを例証する素材を得ようとはしなかった。それゆえに、これから述べる早期母子関係をめぐる思索はまったくの思弁であるとお断りをしたうえで、さらにこの点について想いをめぐらせることにする。

母親の突然の死とはいかなる早期母子関係を象徴しているのであろうか。生活史の聴取から得られた情報によると、Aは乳幼児期より母親の手を焼かせる存在だったようだ。そこにはAがやんちゃであったということ以上の現実的な状況もあったのだが、ここではその詳細については触れないでおく。そして、Aが乳幼児期の頃の母親の対応は、彼女にとってはまったく不満足なものであったのだろう。母親の世話の不十分さを乳幼児期のAは母親の不在、つまり、母親の死として体験したのかもしれない。その際、Aはいかなる情緒を体験したのだろうか？

まず、ウィニコット(8)の言葉を引用しよう。

〝母親から受ける世話〟によって、それぞれの幼児は自分のパーソナルな存在を持つことができ、それで、**存在することの連続性**と呼びうるようなものを組み立て始める。この存在することの連続性を基礎にして、遺伝的ポテンシャルが徐々に個々の幼児へと発達してゆくのである。母親の世話がほどよいとはいえない場合には、存在することの連続性がない以上、幼児が実際に出現することはない。その代わりに、パーソナリティは環境の侵襲に対する反応を基礎に組み立てられるようになる。(8)

さらに、ウィニコット(7)は別のところで次のように述べている。

母親が失敗することで、侵襲に対する反応の段階が造り出され、これらの反応によって幼児の〝存在し続けること〟が中断してしまう。このような反応することが過剰になると、欲求不満ではなく、**絶滅の脅威**が生み出される。私の見解では、これこそが真の原初的不安であり、それを記述する際に死という言葉を含むいかなる不安よりも、はるかに先行しているのである。(7)

乳幼児期のAは、十分な母親の世話の不在、つまり、母親の死を体験したときに、絶滅する不安を体験していたのかもしれない。そして、思春期に現実の母親の死を体験した際に、乳幼児期に味わった絶滅する不安が蘇ったのだと思われる。先述したように、Aは母親の死にまつわる抑うつや葛藤を母親の取り入れという機制を用いて防衛した。絶滅する不安に関しても同様の機制で防衛したのだと思われる。しかし、母親が死んだ年齢に達したとき、Aは母親と同じ病気を発症した。これは、Aが母親を取り入れたという事態を表すとともに、そのような防衛のあり方の破綻をも示している。

先ほど、Aはパニック発作によって、繰り返し母親の死を自分の身体を借りて再体験していったと述べたが、一方でパニック発作は、乳幼児期に母親の世話の不在のもとに、絶滅する不安を体験しているA自身の表象の再体験ともなっている。つまり、Aの症状は、母親という対象を喪失することをめぐる抑うつや不安への防衛としての母親の取り込みという意味合いと、乳幼児期における満足のいく母親の世話の喪失（＝母親の死）に伴う絶滅する不安の反復という二重の意味があったのである。先述したように、Aのパニック発作は、防衛の結果でもあり、防衛の破綻でもあるというきわめて複雑な意味合いがあったのだ。精神療法プロセスにおいては、まず深い退行状態に入ることにより、絶滅する不安がワークされた後に、対象喪失をめぐる不安のワークが進展した。このプロセスからは、早期母子関係に根がある不安がより一次的であると想定される。

まとめると、Aの精神病理の根底には、早期母子関係に根がある絶滅する不安が存在しており、そこに思春期における母親の突然死というトラウマ的出来事が影響を与えているということになる。ウィニコット[7]は絶滅する不安こそが原初的不安であると述べている。私は別のところで、[5]ウィニコットが語ったような絶滅する不安が生成する状況こそが「原初的トラウマ」であると論じている。ここで、もう少し「原初的トラウマ」について説明したい。

「原初的トラウマ」というアイデアの起源はフロイトの考えにある。フロイトは、『ヒステリー研究』[3]のなかで、「実際のトラウマ的瞬間とは、相容れないものがそれ自体を自我に押しつけ、自我が相容れない観念を拒否することを決める瞬間のことである。この観念はこの種の拒否によって絶滅されず、ただ単に無意識のなかに抑圧される」と述べている。そして、後に、「補助的な」トラウマ的出来事（最初のトラウマと類似の意味合いを持つトラウマ的出来事）が生じたとき、ヒステリー症状が出現するとフロイトは考えた。私はその最初のトラウマを「原初的トラウマ」と名づけたいと思う。

私は、二〇〇八年に、トラウマ、特に性的なトラウマとの関係が深いと言われている解離性障害に関するモノグラフ[4]を刊行した。そのなかで、性的虐待の本質についても考察している。性的虐待の典型は、女児が、母親のネグレクト的養育態度を背景にして、父親に性的に搾取されるという構造である。その場合、女児にとって、よい世話を受けたいというニーズは母親によって満たされず、親に対するアタッチメントは父親によって性的に利用されるのである。本人のニーズと環境の対処の間に存在する齟齬が性的虐待の本質である。

さて、本人のニーズと環境の対処の間に存在する齟齬をウィニコットは「侵襲」と呼んだ。私は、それをフロイトのトラウマ論と接合する形で、「原初的トラウマ」と呼びたいと思う。この原初的トラウマを起点として、患者が後の「補助的な」トラウマ的出来事を体験する際に、精神症状が出現すると私は考えている。すなわち、Aの場合は、もともとの母子関係に起源をもつ「原初的トラウマ」が核として存在しており、それが二つの「補助的な」トラウマ的出来事（母親の突然死、そして、母親が死亡した年齢に達したときに彼女自身が致死的となりかねない同じ病気を発症したこと）を契機として、精神症状として開花したのだろう。

4　Aとの精神療法プロセスをめぐる考察

この症例は、私がみずから主体となり、精神療法を導入・実践した最初のケースであった。当時の私はまったくの初心の心理臨床家であり、またスーパーヴィジョンも受けていなかった。各種精神療法のセミナー等にも参加した経験がなく、せいぜい精神療法をテーマにした書物を数冊読んでいた程度であった。このような事情もあり、私はまったく手探りで我流の精神療法を実践していた。

当時を振り返ると、アセスメントもお粗末であり、技法もまったく我流であり、ずいぶん乱暴な精神療法を実践していた。しかし、意外にも、当時の精神療法は本症例以外の患者の改善にも寄与した。多くの症例で良好な結果を得ている。本章で取り上げた症例も結果としては著明な改善を見せている。

入院中、退行が深まるなかで、Aは先述の事件を起こした。その後、彼女の症状はほぼ消失し退院に至った。退院後は、私の異動に伴う対象喪失という状況下で、母親の死に対する喪の作業が進展した。このプロセスから、Aの精神療法における治療転機は、明らかに先述の事件ということになろう。そして、この事件の意味合いは、Aの退行がある種の極みに達したということにある。Aは、パニック障害を発病する以前は適応もよく、また、発病以降も行動化傾向は認められなかった。その彼女が包丁を振りまわすという事件を起こしたのだ。精神療法においてその意味は十分に取り扱われなかったため、その際にAが体験していた情緒は想像する他ない。おそらく、そこで彼女が経験していたのは、極度の不安、怒り、絶望、恐怖といった原初的情緒だったのだろう。これらの情緒はむろんのこと転移感情に他ならない。これらが入院という保護的環境下において、極度の退行状態に陥っている彼女のなかで生成していることを鑑みると、その根底には早期乳幼児不安、つまり絶滅する不安があると考えてよいであろう。

先述のように、当時の私は、ほとんどまったく精神療法のトレーニングを受けておらず、いまだ親和性のある臨床理論とも出会っておらず、技法についても我流であった。解釈で扱うことも可能と思われる素材もほとんど言語的に扱っていない。したがって、この治療に転機をもたらしたのは治療的介入ではなく退行そのものということになる。

バリント[1]は、「分析治療における二大因子は解釈と対象関係である」と述べ、さらに「治療のある時期には、有効に機能する関係を創り出し維持する方が正しい解釈を告げるよりもおそらく大切である」と語っている。バリントの言う「ある時期」とは、患者が基底欠損水準か、それ以上の水準までに退行を起こしているときである。基底欠損水準とは原初的二者関係のことであり、早期母子関係と考えてよいであろう。バリントは、患者が十分に退行すると、「新規蒔き直し」が生起し、患者は病理的対象関係を放棄し、新しい対象関係が進展すると記述している。バリントによれば、基底欠損水準に退行している患者に治療者がすべきことは、「解釈をもって強引な介入を試みないで当面寛大に患者の退行に耐えること」である。その際に、治療者は、「時間と環境の整備提供者という機能を果たさなければならない」のである。

バリントの治療論は前述のウィニコットの治療論と共通する部分が多い。ウィニコット[6]は退行について以下のように述べている。

失敗状況を凍結することによって個人が特定の環境の失敗から自己を防衛できるということは正常かつ健康なことであるという考えが、人間の発達理論に含まれるべきである。このことには、いつか失敗状況が解凍され再体験できるような再建体験、それは個人が退行した状態において適切な適応をしてくれるような環境下でのことであるが、そういう再建体験の機会が訪れるだろうという無意識的想定（意識された希望ともなりうる）が伴う[6]。

そして、ウィニコット[6]は、重篤な病理を有する患者が深く退行した際には、「通常の分析作業を長期にわたって中断し、マネージメントがそのすべてとならざるをえないのである」と述べている。つまり、このような状況においては、「母親が実際に乳幼児を抱える」かの如くの抱えを提供する必要があるのである。要するに、「行きつくところまで完全に退行するのを許容し、その結果を見守る」ことになるのだが、その際、治療者はそのような状況を抱えるためにマネージメントに専念するのである。

Aとの治療において、私がしたことはAに退行できる場と時間を供給したということに他ならない。Aは十分に退行し、そして前進した。このプロセスはバリント[1]の言う「新規蒔き直し」と考えてよいであろう。

5　退行をめぐるもの想い

治療転機について論考することにいかなる意味があるのだろうか？　私は理論家ではなく、臨床家であるため、私の主たる関心はほとんど常に技法に注がれている。しかし、ここまで、私は治療プロセスについては常に関心を抱いていたが、治療転機についてはほとんど考えたことがなかった。

それなりの年月、心理臨床に携わっていれば、治療転機の生成に立ち会うことが稀ならずある。それにもかかわらず、私はなぜ治療転機の問題に関心を払わずに来たのだろうか？　それは、ひとつには治療転機については、治療者は考えることはできても、そこに主体的に関与することができないという事情ゆえに、であった。通常の学問的思考からは、治療転機についての知見が深まれば、治療転機が訪れるように治療者が精神療法プロセスを動かす可能性が拓かれる、とされるだろう。つまり、治療転機の理解の深化を通して、技法のよりいっそうの洗練が見込まれるはずなのだ。ところが、現実はまったくそのようではない。治療者には、精神療法プロセスをコントロールすることはできない。精神療法における治療転機は、自然災害に似ている。ある程度それに備えて心構えをしておくことは可能だが、人間は自然災害の生起それ自体をコントロールすることはできない。結局のところ、治療転機は起こるときは起こるが、起こらないときは起こらない。いずれ起こるかもしれないし、いつまでも経っても起こらないかもしれない。治療転機に対して治療者は無力である。私の精神療法観がかくの如くであるために、私は治療転機に関心を持たなかったのだ。

精神療法の主体は誰なのだろう？　治療者ではないことは当然だが、患者ですらない。精神療法の主体は精神療法それ自体である。そして、精神療法は生きている。生き物が、どこかの時点で生を受け、いつか死んでいくように、精神療法もどこかの時点で始まり、いつか終結を迎える。そのプロセスのなかで、治療転機が生成するのだ。それは、治療の成果ではなく、自発的な経過である。このような観点に立つならば、治療者の役割は、治療転機をもたらすことではなく、治療転機が生成する環境を整えることとなろう。それは、患者の退行を抱えるなかで、すなわち、患者が十分に退行できる場と時間を提供しつつ、患者が前進するのを待つことである。

しかし、それでもなお治療転機について想いをめぐらせることは臨床的な意義があるように思われる。先述のように、治療者が精神療法に治療転機をもたらすことはできない。それゆえに、治療者はみずからの無力に耐え、心理療法プロセスにおいて生成するさまざまなネガティブな状況を確たる展望もなく持ち堪えるという困難な作業を続けなければならない。そこに希望が存在しないとしたら、マゾヒストでもないかぎり、治療者は精神療法という思わしくない仕事に携わることができないだろう。治療転機についての信念は、治療者に希望をもたらし、治療者がみずからの無力を抱えることを助けてくれるだろう。

ここでボウルビィの文章を再度引用しよう。

> 幸運にも、人間のこころは、人間の骨のように、自己治癒に向かう強力な傾向がある。精神療法家の仕事は、整形外科医の仕事のように、自己治癒が最大限に生起するような条件を提供することである。(2)

私はボウルビィとまったく同じ考えである。私たち臨床家に求められるのは、自己治癒力が展開するプロセスを阻害しないという慎ましさであると私は考える。そして、その際に治療者が、「原初的トラウマ」をボウルビィのように「現実のトラウマ」と捉えるか、あるいは、フロイトや精神分析の主流派のように「心的現実（空想）」と理解するか、によって、治療的介入や治療の場の雰囲気が変わると私は考えている。おそらく、フェレンツィは現実のトラウマという立場に接近したのだが、バリントやウィニコットはこの点についてあえて明示しなかったように見える。これは精神分析の政治性から説明される現象かもしれない。バリントやウィニコットにも現実のトラウマという発想はあったはずだが、それを明示することへの躊躇があったのだ。そのような政治状況をものともしなかったボウルビィが精神分析の内部に留まらなかった理由のひとつもここにあるのかもしれない。

6　おわりに

この章では、私が初めて退行の治療的意義に触れることができた症例を提示し、その精神病理と精神療法過程について検討した。この症例は、私の臨床家人生を決定づけた。その後、さまざまな精神療法の症例を受け持ったが、この症例から得た知見に対する確信は臨床経験を通じて、ますます強固なものとなっていった。特に、この後は、精神科病院という固い構造を持つ臨床現場で実践を積んだので、退行に対する抱えという面では有利な状況が存在していた。しかし、その後、みずから主治医となって入院治療を行うことができない環境で臨床実践をするようになってからは、弱い構造のなかでいかに退行を抱えるかということが私の臨床上の課題となっていった。引き続く章のなかで、脆弱な設定における私の臨床的工夫について説明していくつもりである。

第五章　退行臨床の展開

1　はじめに

前章で述べたように、私の退行臨床は、入院という固い構造で患者の退行を抱えるという設定から出発した。入院という設定自体が、患者に安心感をもたらし、退行促進的に機能する。このことに関連して、ウィニコット(2)は、その死の直前にとても美しい講演を行っている。その一節を引用する。

私には、治療はその施設のなかでなされているということがたちまちわかった。治療はその壁や屋根によってなされているのだ。そして、治療はレンガの標的となるガラス張りのコンサバトリー、ばかばかしいほどに巨大な風呂によってなされているのだ。その風呂については、お湯がそこで泳ぐ者のへそまで届くには、戦時中の貴重な石炭を大量に使い尽くさなければならなかった。

治療は料理人によってもなされているのだ。食事が食卓に届くその規則性によってなされているのだ。十分に暖かく、そして、おそらく暖色系のベッドカバーによってなされているのだ。(2)

すなわち、ウィニコットは、施設臨床の場合、治療者や援助スタッフだけではなく、その建物や援助者以外のスタッフや設備という構造自体も抱えを提供していると述べているのだ。初心の精神科医である私が前章のAの退行に抱えを提供できたのも、入院した病院に備わるいくつかの構造があってのことである。私は、その後もしばらく入院という構造に支えられて、臨床実践を行い、退行の意義に対する確信を深めていった。

しかし、精神科医になって数年後から、私の主たる臨床の場は精神科の外来となった。患者が入院が必要な状態になると、たいていは他の精神科病院に入院を依頼することになる。そうなると、私は治療者としてかかわりを維持することができなくなる。このような弱い構造で臨床実践を行うようになり、私は患者の退行に対して慎重な姿勢を持たざるをえなくなった。入院という固い構造を用いても、患者の退行を十分に抱えることが常にできるわけではない。外来という弱い構造となると、患者の退行を直接抱えることはできず、外来で抱えることができない水準まで退行した場合は、精神科病院への入院等のマネージメントを行うことが必要となる。このことにはネガティブな意味合いがあるばかりではない。精神科病院への入院等のマネージメント自体が治療的意義を持つこともあるのだ（ウィニコットのリトルへの治療も参照していただきたい）。私はそのような症例も少なからず経験した。とは言うものの、患者が入院すると、私は直接的な治療的かかわりを持つことができなくなる。こうなると治療の連続性が失われてしまう。

このような状況下に置かれた私は患者の退行を不用意に促進しないように注意を払いつつ、慎重に臨床実践を行うようになった。そのなかで、ある症例と出会った。その症例との精神療法を通して、私は精神科外来という弱い構造において患者の退行を抱えるということに関して思索を深めることとなった。

2　症例　既婚女性B

私はBと精神科の外来で出会った。Bとの最初の出会いのとき、私は、彼女に対して、理知的で聡明という印象を持った。服装はお洒落であり、彼女の雰囲気と合っていた。彼女の連想は淀みなく滑らかであった。Bは、私と出会う前に二人の精神科医から数年間、治療を受けていた。その治療では気分変動をターゲットとした薬物療法を主として受けていたようである。彼女は、ヒステリー性の幻視を主訴として精神科初診となった。その幻視は私と出会う直前に消失している。しかし、顕著な気分変動が残存していた。私との初回面接で、私はBに現在の彼女の問題の起源についての思いを尋ねた。すると、彼女はサディスティックな父親について想起した。私は薬物療法が十分な成果を上げておらず、また、彼女自身が心理的要因を挙げたこともあり、精神療法の予備面接を数回したうえで、治療方針を決めることを提案した。彼女は私の提案に同意した。

Bの父親はサディスティックで支配的な人であった。父親は自分の言うことを聞かないと彼女を殴り（身体的暴力は彼女が二〇代前半に達するくらいまで続いたという）、かねてより彼女の結婚相手に関しても自分の意に沿う相手ではなければ許さないと言っていた。一方、彼女の母親は情動不安定であり、彼女に対して感情的に怒りをぶつけることが多々あったという。

彼女は発達上の問題は指摘されておらず、小学校、中学校、高校における集団適応にも大きな問題はなかった。対人関係上の問題も顕著なものは認められない。彼女は、大学卒業後、専門学校に入学し専門的技能を獲得した。専門学校卒業後、その専門的技能を活かすことができる職場に就職した。

そのなかでBはある男性と出会い、結婚の約束をする。父親に結婚のことを話したが、父親に結婚を許してもらえないどころか、父親は暴力的な言動を見せた。そのため、彼女は情動不安定になった。そして、事態は進展しないまま、半年ほどが過ぎた。そのとき、父親が交通事故で死亡する。彼女は、父親の交通事故死について、「お父さんが交通事故で死んで、そのときはよかったと思った。今は、それでよかったと思う気持ちと、残念に思わないといけないのかなという気持ちがある」と語った。父親の死亡後しばらくして、彼女はその男性と結婚した。結婚とともに会社を退職した。その一年後に、原因ははっきりしないが、夫が仕事に行かなくなり、そのまま退職となる。その頃より、ヒステリー性の幻視と気分変動が出現した。しばらく様子を見ていたが、症状が改善しないこともあり、精神科を受診した。

私の前主治医である二人の精神科医は、二週に一度の定期的な外来診療で、症状に焦点を当て、主として薬物療法を行っていたことがカルテの記載からわかっている。前主治医二人が下した精神医学的診断は、気分変調症であった。ここまでの治療経過のなかで自傷や自殺企図などの行動化は認められない。この間、夫は仕事をしておらず、彼女が働き、家計を支えていた。しかし、私と出会う少し前に、彼女の仕事上の契約が更新されず、私と出会ったとき、彼女は無職であった。夫は依然として働いておらず、彼女は職を探していた。

私は、精神療法の予備面接を数回行った。そして、彼女は心理的なものと症状を結びつけて考える能力があり、精神療法に対する動機づけもあると評価した。私は、設定として精神科外来における週一回四五分の対面での精神療法を提案した。彼女は同意し、精神療法が開始された。

精神療法面接が始まって初回のセッションの冒頭、Bは症状が改善したと言い、「自分はこれでよいと思う」と語った。その後も同じような内容が繰り返し連想される。私はこの連想を精神療法に入っていくことへの不安として扱った。すると、彼女は、自身のなかの本性である「怖い部分」について連想し、それが精神療法のなかで出てくる不安について連想した。私は、彼女が家族のなかで自分の本性を出したとき、両親はそれを受け入れず、むしろ攻撃したという文脈に触れた。彼女は、その介入に同意し、その攻撃的な両親像を自身の内部に取り入れ、その部分が自身の一部を攻撃していると連想した。

Bは二回目のセッションをキャンセルする。その翌回のセッションの冒頭、彼女は初回セッションの後、憂うつ感が増悪し、セッションをキャンセルしたと語った。彼女は、セッションに来る代わりに、短期のアルバイトをして、その体験からみずからの抑うつ気分を解消し、精神療法への意欲を取り戻したようだった。彼女は、「しんどい自分を見せたくないのです。頑張っている自分しか私は認められないのです」と語った。私は、彼女の苦痛を受け入れない両親および夫という文脈に触れ、私も同様の対象として体験しているのだろうと伝えた。彼女は、その解釈については否定したが、「今後はしんどくても来ます」と語った。

Bは当初やや軽躁的な雰囲気を纏っていたが、その後のセッションでは抑うつ的雰囲気となっていく。彼女は、自分のなかの毒を治療者の毒で中和すると連想した。その一方で、彼女は、「私が自分の罪の話をして、先生が毒舌で私を罰する」とも語った。

そして、彼女は、前主治医から私に交代する間に見た夢を想起し、それを報告した。

夢1

「私の家に魔法使いが来て、今の状態から抜け出すためには、うんちを食べないといけないと言った。三人の女の子に、うんちのついたパンツをくわえさせ、滝に打たせた。三か月後に取りに行ったら、女の子たちは生きているのか死んでいるのかわからないような感じでぐったりしていた。パンツを口から取ったら、女の子が「私もっとやりたかった」と言った。家に帰って、手巻き寿司を作って、うんちをつけて食べた。うえっとなった。あの食感、味はしばらく残った。三人の女の子たちはみな二〇歳くらいだった」

私は、夢について連想を促した。彼女は「誰かに導いてもらいたい。その人が言ったことは何でもやるわっていう感じ。たとえ人を犠牲にしてでも。……魔法使いは先生ですね」と語った。

七回目のセッションでも夢が報告された。

夢2

「石に掘ってあるお地蔵さんを土のなかから掘り起こした。見た目はお地蔵さんなんだけど、私はそれを人と思っている。近くに机が置いてあって、向かいにお地蔵さんの男と、女の人がいて、こちらに私とそのお地蔵さんが座っていて、みんなで結婚するという話をしていた。私とお地蔵さんは結婚しようという話になった」

このセッションのなかでは、お地蔵さんは高校時代の交際相手に似ていると連想されたが、それ以上にこの夢の探索は深まらなかった。しかし、翌八回目のセッションで、夢2の探究が進展する。Bは、お地蔵さんは高校時代の交際相手ではなかったと言った。お地蔵さんには冷たいが優しいというイメージがあり、それは治療者＝父親のイメージでもあると語った。そして、彼女は生まれ変わって父親と結婚するという空想について語る。彼女は父親も母親も嫌いであり、そのようになりたくないと思っていたという。さらに、お地蔵さんのようなやさしさを持つことができれば、抑うつ感を抱く必要はなかったと連想した。彼女は「どうしたら自分を変えられるのかわからず、そこから逃げていた。そして、自分を責めて、自分に罰を与えていた」と語った。私は「あなたは両親を許したいのだろう」と伝えた。彼女は少し考えを巡らせた後、肯定した。

このセッションの後、祝日のため、次回は二週間後となる。そのセッションの冒頭、彼女は再度、お地蔵さんに触れ、お地蔵さんはお父さんではなかったと語り出した。彼女は、お地蔵さんは、自分に必要で、普通の人は持っているけど、自分は持っていないものを象徴していると語った。そして、この一年くらい、山のなかで何かを探している夢をよく見ており、それはお地蔵さんを探していたのかもしれないと連想した。

この後の連想は夫をめぐるものに焦点化される。それは夫に攻撃的感情を向けることができないこと、および、夫に対する罪悪感があるという内容が中心であった。そして、夫は父親と外見が似ているという文脈が語られる。私はセッションの終盤になっても、セッションが二週間ぶりとなったことに関する連想が出てこないことに焦点を当てた。私は、「あなたはこのセッションの最初に、前回の話のなかで出てきたお地蔵さんの話をしましたね。あなたはこの二週間の私とあなたの別れがなかったかのようにするために、連続する話をしたのでしょう。あなたはこの別れを見たくなかったようです。それはこの二週間の別れがあなたにはつらかったからなのでしょう」と伝えた。彼女は肯定し、臨時のセッションを希望したいと思ったが、それを求めることに罪悪感があり、できなかったと語った。

翌九回目のセッションに現れたBは、当初の軽躁的雰囲気でもなく、このところの抑うつ的雰囲気でもなく、リラックスした雰囲気を纏っていた。彼女は、罪悪感を倒錯的満足に利用していたという内容をみずから語った。自分のことを客観的に見たら、「なんてしんどいことをしているのだろう」「それはとてもばかばかしい」と思うようになったという。さらに、彼女は、今まで語られなかった母親のポジティブなイメージや母親を求める気持ちについて語った。ここ数年間、母親からの帰省の誘いはたびたびあったのだが、彼女は実家に帰っておらず、母親と顔を合わせていない。彼女は、数年ぶりに実家に帰ることを考えていると語った。このセッションのなかで、彼女はしきりに「恥ずかしい」と訴えていた。

一〇回目のセッションで、彼女は、自分がしんどいと言わないのは、親がその気持ちを受け止めてくれなかったからだと語った。また、そこには親に認めてもらいたいという気持ちもあったという。しかし、最近は、自分にやさしくできるようになり、それに伴い罪悪感を体験することがなくなったと連想した。そして、自分は病院に来る前の自分に戻ったので、精神療法に通い、治療者に話を聞いてもらうことが恥ずかしくなっていると語った。以前は、治療者が自分の部屋を勝手に覗いていたという印象を持っていたが、今は自分が治療者を許容しているように感じるという。さらに、彼女は、以前は治療者の体はばらばらだと感じており、その都度治療者の顔が違って見えたが、今は、同一の人間のように感じると語った。

しかし、これ以降、Bの連想は滞るようになる。それとともに、今－ここでの感情に触れることが困難になっていった。そして、彼女は抑うつ的となっていく。私は彼女のこころと触れ合うことができないという感覚を抱いていた。

そのような状況での一四回目のセッションで、彼女は父親についてまとまった連想を行った。Bの連想内容からすると、一見サディスティックに見えた父親は本心では彼女をケアしたかったようだ。しかし、彼女にとって、父親のそのあり方は「拷問」であった。彼女は父親のやさしさを残酷と受け取ったことで罪悪感を体験していると語った。彼女は、治療者についても父親と同じように体験していると語り、治療者に対する罪悪感についても触れた。そして、彼女は、父親が彼女を愛していたことを示すエピソードについて想起する。私は彼女に「あなたはお父さんに愛されていたのに、あなたはお父さんを愛していなかったことに罪悪感を体験しているのですね」と伝えた。彼女は肯定し、しばらく沈黙した。セッションの最後に、彼女は「先生はお父さんですね」と呟いた。

一五回目と一六回目では、彼女は、治療者に殺される空想について連想した。まず、彼女は父親に殺されると思っていたと語り、それから治療者について触れ、「先生を最初に見たときにすごい恐いと思った。殺されると思った。この人は何人も殺していると思った。この人の手は汚れていると思った」と連想した。その後、連想は錯綜して、私は彼女の連想を理解することができなくなる。私は、彼女の連想が理解できなくなっている事態は、彼女が防衛的になっている事態を表しているのだろう、という理解を伝えた。すると、彼女は、最近、意識的に治療者に殺される空想を思い描いていると告白した。それは、「ドリルで頭に穴を開けられる」「首を絞められる」「強姦されて殺される」等々、相当に残酷で陰惨なイメージである。彼女は、それらの空想を思い描いているときに性的な快感を覚えていると語った。そして、その性的な快感は、夫以外の男性との性行為におけるものと似ており、そこにはタブーとタブーを犯す罪悪感があると語られた。

一七回目のセッションでは、彼女は、前回のセッションの後、ここ数年間セックスレス状態であった夫と数日間連続で性行為を行ったと語った。彼女から誘ったという。そして、彼女は、一五回目と一六回目で報告した空想は「今までのなかで一番話しにくいこと」であり、その話をした後に下痢になったのだが、その感覚は悪い感じではなかったと語った。

この後、Bの治療者への信頼感、依存心が増大しており、それに応じて治療者が裏切ったり、いなくなる不安が高まっているという文脈が展開する。そこには性的なニュアンスがつき纏っており、さらには幼少時の両親から受けた性的な事柄への制止が作用しているようであった。そして、彼女は沈黙がちとなり、連想も断片的になっていく。私は、連想の内容を理解することが困難になっていった。しかし、そのような状況下でも、治療者を父親として体験しているという連想が一貫して語られた。

二〇回目のセッションでは、父親に関する過去の想起が生じ、それをめぐり連想が展開した。Bは、父親に結婚の話をしたとき「殺す」と言われたのだが、「本当に殺される」と思い、実家で恐怖を体験していたと語った。実家から離れようとしたまさにそのときに父親が事故で死亡したのだが、彼女は「自分が父親を殺した」と思った。彼女は、父親が自分を恨んでおり、いつか、あの世からこの世へと戻って来るだろうと空想していた。そして、父親が蘇り治療者として彼女の前に現れたと彼女は体験していた。

その後のセッションでは、相変わらず彼女は沈黙がちであり、わずかに語られる内容は相変わらず治療者を父親として体験しているという文脈であった。そこには罪悪感、恐怖、苦痛という感情の混合が伴われていた。この頃、現実面では、長期にわたり無職であった夫が働き出すという動きが生じる。

二五回目のセッションでは、夫と母親に対する思いが連想のテーマとなった。Bは、夫に愛されたいという思いがあり、そのため夫を大切にしていると連想した。それは彼女の母親への感情と似ているという。夫にも母親にも愛されたいと思っているのだが、両者ともに自分を嫌っているに違いないと連想した。さらに、夫にも母親にも怒りを表出できないというテーマが浮上してくる。

その後、Bは、ある現実的な出来事を契機として、治療者への怒りを直接的に表出した。それ以降、母親に甘えられないというテーマが浮上していった。母親は彼女のニーズを理解することも受け入れることもなかったという事柄をめぐり連想が展開した。彼女は母親に受け入れてもらうために大人とならざるをえなかったようである。そして、原家族や夫との関係において、彼女は自分が犠牲になっていると連想した。

三一回目のセッションでは、彼女は精神療法の場に来ると「しんどいときと、ほっとするときがある」と語り、治療者が登場する夢を報告した。

夢3

「先生に御馳走してほしいと頼んだ。先生は私の前をすたすた歩いていて、突然消えた。このお店かなと思って入ったら、先生は自分がキープしているお酒を飲んでいた。私はホットコーヒーを注文したけど、先生が飲んでいるお酒を味見させてもらうことになった。店の人がとても美しい器にお酒を注いで火をつけた。器がさらに美しくなり、私は泣いた」

彼女は夢に関して、治療者がいなくなる不安を連想した。さらに、彼女は「私は先生からいろんなものをもらっていると思った。それはつながりの関係とかそういう感じ。尊重、尊厳とか。信頼関係とかそういう感じ。信じることとか」と連想した。

三二回目から三五回目にかけて、Bは「何も思い浮かばない」と今まで以上に沈黙がちとなる。そして、彼女の雰囲気はまたもや抑うつ的となり、わずかに語る連想も精彩を欠いたものとなった。セッションは死んだ雰囲気に支配されていた。私はほとんど介入することができず、ただ、彼女のかたわらに存在し、状況を抱えることに専心していた。

しかし、三六回目以降、Bは自然と抑うつ状態を脱し、徐々に生き生きとした雰囲気になっていき、以前に比べて自身の欲求を直接的に語るようになっていく。セッションで語られる連想のなかでは、彼女が母親に対して本当の自分を出しても、母親はそれを受け止めてくれないというテーマが展開した。彼女は、母親の理想を受け入れて、それを演じていると語った。それは夫との関係でも反復されているようである。そして、彼女は「もっと自然に振る舞いたい」という欲求について連想した。さらに、彼女は他者との深いつながりや信頼を求めていると語った。

三九回目のセッションで、彼女は、小児期に母親と一緒にお風呂に入ると距離を縮められたという過去を想起した。そこから、治療者と一緒にお風呂に入ることを想像するのだが、距離を近づけることができる一方で、接近することに「気持ちの悪さ」を感じると語った。そのお風呂に入るイメージは、彼女と治療者が横にかなり長いお風呂の端と端に座っているというものである。さらに、彼女は、子どもの頃から、自分の頭のなかで「無意識の想像とつながる」映像イメージが上映されることがあると語った。そして、ここ三か月ほど彼女の頭のなかで上映されている「雪男」をめぐる映像イメージについて連想した。

映像イメージ1

「雪男が週に一回出てくる。私は、当初、その雪男から逃げていた。一か月ほど前に、雪男が私を車に乗せ、山を下りた。その際、雪男は「次の山に行かなければならない」と言った。そこで、雪男が先生であることに私は気がついた。雪男は山で遭難しても、私の手を握って引っ張ってくれる。雪男がいてくれたら大丈夫と安心できる」

一か月前に彼女は抑うつ状態を脱したのだった。彼女は乗り越えるべき「次の山」を意識し始めていたのだろう。彼女は、一方で、治療者を母親として体験しており、融合や合一を求めているのだが、そこには大きな不安があり、一方で、治療者を父親として体験しており、ともに存在し導かれることで安心感を得ているようである。私はこの理解を彼女に伝えた。彼女は私の介入を肯定しつつ、考え込むように沈黙した。

このセッションの後、しばらくの間、彼女は映像イメージを自発的に絵に描き、それをもとに連想するということが続いた。
四〇回目のセッションで、彼女はまず描画を私に見せ、映像イメージについて報告した。その絵にはひもでつながれた雪男と少女が描かれていた。

映像イメージ2

「私は雪男と青いひもでつながれている。雪男は車で別の山に行こうとしているのに、私がその辺の野原で遊んでいるので、雪男は泣いている。雪男は雪山に行かないといけない。私はしんどいから野原で遊んでいる。雪男は早く雪山に行きたいと泣いている。雪山を守るために行きたいと言う。雪山にいないと悪い人が入ってきても追い出せない。雪男は遊んでいる私を見ていて、野原のログハウスで泣いている」

Bは、映像イメージについて語った後、しばらく沈黙する。そして、唐突に「私を助けてください」と言った。さらに、「私は手を引っ張られて山を登りたいのではなく、おんぶや抱っこされて登りたいのです」と語った。私は、治療者に甘えたいという彼女の欲求について伝えたが、彼女は治療者をあまり信用していないと語った。
四一回目のセッションでも、彼女はまず描画を私に見せた。遊んでいる少女とそれを見ている雪男が描かれていた。ひもはなくなっていた。

映像イメージ3

「私は山に行きたくない。雪男が泣いていても、私はここで遊んでいるほうがいいと思っている。雪男は、自分が泣いても私が山に行かないので、疲れている」

彼女は、現在は一休みしていると語った。次の山には行きたくないという。しかし、次の山に行かないと大人になれないとわかっていると語った。

四二回目のセッションで、Bは精神療法に通うことが苦痛であると語り、突然、精神療法の中断を申し出た。彼女は「今日で終わり」と宣言する。私は、治療者に対する愛情をめぐる不安を取り上げた。すると、彼女は、「先生、毒を打ちましたね」と語った。私は、精神療法の中断の意味が不明なので、それを明らかにするため今しばらく精神療法を継続することが必要だろうと伝えた。彼女は渋々同意する。

四三回目のセッションでは、Bは冒頭から、しきりに恥ずかしがっていた。彼女は「先生はしてくれなくてもよいことまでしてくれるので恥ずかしい」と語った。そして、彼女は精神療法を受けるまでは、「時間に沿って生きていたけど」、精神療法を受けるようになってからは「時間が止まっている」と連想した。さらに、彼女は、赤ちゃんがほしいのだが、そのためには夫を許す必要があると語った。四四回目のセッションでは、夫を許すという事柄がテーマとなる。夫が会社に行けなくなったことは、自分との結婚を父親に反対されたことが影響しているのだろうという内容が語られた。そのため、彼女は罪悪感を抱き、その罪悪感を抱かせたことで夫に怒りを感じていたのだ。しかし、最近になって夫の愛情を実感するようになったと語られた。そして、彼女は映像イメージを報告した。

映像イメージ4

「私は熊と手をつないでハイキングに行ったので、雪男は消えた。今はトンネルが多数ある。トンネルは真っ暗で、何も見えない。トンネルを進まないといけないのだけど、行くのも怖いし、どの穴を進んでよいかわからない。どうせ行くなら早いほうがよい。以前は雪男が導いてくれたけど、今は誰もいない。私も、少女ではなく、戦士のような姿だった」

私は雪男がいなくなったという点に焦点を当てた。彼女は、山で遭難しているときは雪男が導いてくれて、それを頼りにしていたと語った後、「先生はトンネルを案内することはできないのです。先生は夜光虫になりました。先生が時々、光ったら、トンネルのなかが見えるという感じです」と言った。そして、彼女は過去の主治医には遠慮があり、「助けてほしい」と言えなかったが、治療者には「遠慮していない」と語った。彼女は、治療者への感謝の気持ちを語った。

四五回目のセッション以降、Bはまた沈黙がちとなる。しかし、抑うつ的ではなく、彼女は「何も思い浮かばない」と言い、雰囲気はこころここにあらずという風情で、私は取りつく島もないという感情を抱いていた。わずかに語られることは現実的な事柄であり、連想が深まることはなかった。この間、セッションも数回キャンセルされた。その一方で、夫との関係は修復され、コミュニケーションを取ることが増えた。彼女は夫との赤ちゃんを産んでもよいと思えるようになった。母親との関係もほどよい距離感を持つことができるようになっていった。そして、彼女は就職を決める。そのため、一か月間セッションを持つことができなかった。

一か月ぶりのセッションである五二回目のセッションで、彼女は仕事が順調であること、夫との関係も良好であり、赤ちゃんを産むことについて話し合いをしていると語り、精神療法の頻度を週一回から、月一回に減らしたいと希望した。私はこの件についてもう少し話し合うことが必要であろうと伝えた。しかし、彼女の仕事の都合から、次回はまたもや一か月後に設定された。

五三回目～五五回目の三回のセッションで、精神療法の継続について話し合われた。私は、精神療法の頻度を下げるよりも、いったん中断として、その後、彼女が希望した際には再開するほうがよいであろうと伝えた。彼女は、精神療法をやめることについての寂しさについて語った。五五回目のセッションで、彼女は精神療法を中断することを決意した。私は、彼女の決断を尊重し、精神療法の終了を受け入れた。

しかし、その一か月後、Bは精神療法の再開を希望する。

再開後の五六回目のセッションで、Bは職場における対人関係をめぐる葛藤について語った。彼女が尊敬する女性の同僚がいるのだが、彼女は自身の母親イメージをその女性に投影して、委縮してしまい仕事に支障が出ていると語った。彼女は、その女性を母親のように自分に期待を押しつけてくる人と体験していた。期待に応えることができず、彼女は罪悪感を抱いていた。

五七回目のセッションで、彼女は前回のセッションの直後に仕事を辞めたと語った。退職の件を会社に電話で告げた後、彼女は母親を思い出して号泣したという。

五八回目のセッションで、Bは、一方で治療者に責められているように感じ、一方で治療者に助けられていると感じると語った。彼女はそれらが彼女の内的世界の投影であると自覚するようになっており、その世界から自由になりたいという欲求について話をした。そして、治療者のよいところは、自分が攻撃しても報復しないところであると連想した。

五九回目のセッションで、彼女は夫について初めて具体的で詳細な連想を行った。夫は彼女の傷つきや怒りを受け止めることができない人のようである。そのため、夫と深くコミュニケートしたいというBの欲求が満たされることはなかった。

六〇回目のセッションで、彼女は、精神療法の中断について自発的に連想する。彼女は精神療法に強い苦痛を感じていた。精神療法の苦痛を耐え忍んでいるのに、変化が生起していないことに対する怒りがあるという。彼女のニーズは、サドーマゾヒズム的な対象関係から脱却し心的に自由になりたいというものなのだが、精神療法では、それが再演されるだけで、そこから脱却できないと連想した。彼女は、無力な治療者への怒りを感情を込めて直接的に表出した。私は、ただ彼女の気持ちを受け止め、特別な介入を行わなかった。

翌六一回目は無断キャンセルとなる。私が電話すると、Bは精神療法をやめたいと言った。私が、やめるにしても話し合いは必要であると伝えると、彼女は同意した。そして、六二回目のセッションの冒頭、彼女は、その日の朝、精神療法に行きたくないと泣いていたと語り出した。そして、夫が再び失業したことが語られた。彼女は、治療者が自分を攻撃すること、そして、自分の気持ちや考えを理解せず的外れな応答をすること、さらに、精神療法を受けることで仕事に支障が出ること、等々を語った。私は、精神療法の継続が望ましいという意見を伝えつつ、精神療法を終了することに関しては彼女の意思を尊重すると伝えた。彼女は「来いというなら来ます」と捨て台詞を残して面接室を出ていった。

六三回目のセッションに来た彼女は、冒頭、フルタイムの就職が決まり、本日が最後となると宣言する。精神療法について振り返るなかで、彼女は精神療法の意義について認めず、精神療法は苦行であったと語った。私は、精神療法が十分な深さに到達してはいないが、それなりの意義はあっただろうと彼女に伝えた。そして、彼女が現実状況や夫や母親との関係のなかで心的作業を続けることでさらなる変化が生起する可能性があるだろうと伝えた。そのうえで、再度、精神療法を受けるニーズが彼女のなかに育ったら、また連絡するように指示した。彼女は最後に、「ありがとうございました。先生の顔はもう見たくないけど、また来るかもしれません」と語り、最後のセッションが終了した。

精神療法の期間は一年七か月であった。

この症例には後日談がある。

それから五か月後、彼女から便りが届いた。そこには仕事も楽しいし、夫も働いており、薬の服用も完全にやめることができていると書いてあった。

さらに二か月後、彼女からまた便りが届いた。そこには、「なんだか、精神療法に通ってしんどかったけど、精神療法を受けてよかったみたい。なんか、生きるのラク！」と書いてあった。

その後、便りが届くことはなかった。

3　Bの精神病理をめぐる考察

Bの精神病理の中核にある感情は罪悪感であった。その表現型はサド－マゾヒズム的であり、そうした対象関係は治療関係のうえでも再演された。この様態が最も明瞭に表れたのが、一五回目と一六回目のセッション（一五九頁）であり、そのイメージが本人により言語化された。そのイメージは治療者に殺されるという内容を有していた。そのイメージは繰り返し形を変え再生され、そこには性的な快感が伴っていたという。性的な快感は、恐怖や不安への倒錯的な防衛と考えられる。

Bの母親は、彼女のニーズを受け止める人ではなく、自分のニーズを彼女に押しつける人であった。一方の父親は、彼女や家族に対してサディスティックで支配的な人であった。しかし、彼女の回想から父親のサディスティックな振る舞いのなかには父親なりの愛情もあったようである。母親の世話を心的に体験できなかった彼女は、みずから自身を世話するしかなかったのだろう。

一方で、父親に対する不安や恐怖については、父親を取り入れることで対応したのだろう。この取り入れは、彼女の自発的行動である結婚を父親に強硬に反対されたことに対して彼女が激しい怒りを体験したまさにそのときに父親が事故で死亡したことで決定的となった。彼女が取り込んだ内的な父親は、彼女の他の部分を攻撃することになり、彼女は罪悪感に拘束されて生きることとなった。

父親の死亡後、父親が結婚に反対した男性と結婚したのだが、その男性が働けなくなったとき、彼女は夫に怒りを感じた。母親の愛を求める彼女にとっては、夫は母親代理でもあった。その夫が母親代理の役割を果たすことができなくなったのだ。しかし、彼女は怒りを体験すると、それを対象に直接表出することができず、表出されない怒りは反転し、彼女自身に向かうことになった。そして、彼女の罪悪感がいっそう募るという事態となったとき、ヒステリー性の幻視と気分変動が出現し、彼女は精神科を受診したのだった。症状の出現の意味は、従来の防衛の破綻であるとともに、治療に向かう無意識の希望の現れでもあったのだろう。

彼女と両親、そして夫との関係は、それぞれ精神療法過程で私との関係のうえで再演されていった。愛情を持ちつつもサディスティックな振る舞いをする父親の表象と彼女のニーズを満たさない母親＝夫の表象を私は転移のうえで演じていた。彼女のニーズは、精神療法を通じて、この対象関係の拘束から解放され、内的自由を獲得することであった。しかし、この対象関係の再演に起因する苦痛を持ち堪えることができず、そして、それを治療関係のなかで十分に抱えることができなかったため、精神療法は中断となった。

精神療法が十分な深さまで到達することができなかったため、Bの根底にある精神病理については想像する他ない。彼女の発病の直接の契機が、詳細不明の夫の失業であることを考えると、そして、夫が母親代理として機能することを期待されていることを考え合わせると、彼女の中核的な精神病理は早期母子関係に起源を持つ、愛されたいという受け身的対象愛にまつわる問題、あるいはアタッチメントの不全であると考えられる。治療者との間でも、父親との関係に起源があるサド－マゾヒズム的対象関係がある程度ワークされた後に、治療者に愛されたい、大切にされたいという彼女のニーズが治療関係のうえで展開している。

彼女の母親は彼女のニーズを満たさず、むしろ自分のニーズを彼女に押しつける人であったようだ。早期乳幼児期にいた彼女は、そのとき、空虚感や「絶滅する不安」を体験していたのかもしれない。父親はサディスティックではあったが、それでも父親なりの愛情を彼女に向けていたようである。彼女は母親との間で得ることができなかった手応えのある関係を父親との間で得ていたのであろう。しかし、そこに愛情はあったかもしれないが、やさしさはなかった。そこに手応えはあっても、その関係は不安や恐怖に彩られていた。父親は彼女の求める母性的なやさしい愛情を与えてくれる人ではなかった。

そして、その母性的なやさしい愛情を与えてくれる人が夫のはずであった。その夫が仕事ができなくなることで、彼女はやさしく世話されたいというニーズを封印し、世話する側にまわるしかなくなった。その関係は母親との関係の再演であった。彼女は自分のニーズを満たしてもらうことができず、夫のニーズを押しつけられていると体験したようだ。そして、そこで生じた怒りを夫にぶつけることもできず、それを抑圧するしかなかった。先述のように、このことが彼女の発病の契機となっている。

4　Bとの精神療法プロセスをめぐる考察

精神療法の初期は、精神療法を受けること自体への不安がテーマとなって展開した。Bは当初から、サディスティックな父親像を治療者に投影していた。そのなかで、彼女は夢を報告した。夢を素材に連想は展開し、夢の内容が探究された。そして、治療者への転移の様相が明らかになるとともに、彼女は治療者への依存を深めていった。一〇回目のセッション（一五八頁）で、彼女は心的作業の進展を語ったが、転移が強力に成立することで、ある種の改善が起こるといういわゆる転移性治癒が生じたのであろう。一〇回目のセッションまでに、精神療法を受けること自体への初期不安がワークされ、治療者への依存が生じることで、症状レベルの改善を見たと考えられる。

その後、Bは抑うつ的となり、セッションは重苦しい沈黙が支配するものとなった。そのなかで、父親は彼女への愛情をサディスティックな形でしか表出できなかったこと、彼女は父親の愛情を感じつつ、それを受け取ることができず、むしろネガティブな感情を向けたことに罪悪感の根があることが明らかとなっていった。それは治療者が治療的意図を持っていることを理解しつつも、彼女は治療者の介入をサディスティックなものと受け止めていることと結びついていた。すなわち、Bは治療者と父親を同一視していたのだ。そして、精神療法のなかで生じた不安や恐怖に対して、彼女は治療者に殺される空想と性的快感をミックスさせることで倒錯的に防衛しようとした。その文脈が扱われた後に、彼女はそれまでセックスレス状態であった夫と数日間連続でセックスをするという行動化を起こした。彼女が有しているテーマがある程度ワークされ、性的な制止が緩んだのだろう。むろん、この行動化は治療関係のなかで体験した不安や恐怖への防衛として機能していたと思われる。しかし、防衛のあり方がより倒錯的ではなくなり、より健康的になっていることは注目される。

その後も、治療者と父親の同一視というテーマが展開していった。父親をめぐるテーマがワークされるにつれ、夫に母親像を投影しており、夫＝母親に愛されたいという欲求に焦点が当たるようになった。そのなかで、夫は数年ぶりに働きに出るという動きが生じた。彼女の心的ワークの進展が夫に何らかの影響を与えたと考えられる。それとともに、怒りを表出できないというテーマが浮上し、ある出来事から彼女は治療者に直接的な怒りを表出するという劇化が生起した。すると、彼女は夢を報告した。その夢には治療者（良い対象）を失う不安が表れていた。彼女は治療者から良いものをもらっていると語った。

しかし、その後、彼女はふたたび、抑うつ的となり、重苦しい沈黙がセッションを支配するようになった。彼女は退行していたのだろう。私は彼女の退行を抱える状況の維持に専心した。すると、三六回目のセッション以降（一六一頁）、彼女の雰囲気は徐々にではあるが自然と生き生きとしたものとなり、彼女は以前よりも自由にみずからの欲求を表出するようになっていく。そのなかで、夫＝母親に自分を受け止めてもらいたいという欲求がふたたびワークされていった。

三九回目のセッションで、彼女は母親＝治療者と距離を縮めることにまつわるアンビヴァレンスを語り、そこから空想をもとにした映像イメージについて連想するようになる。その映像イメージから、治療者をアンビヴァレンスの対象である母親および自分を導く存在である父親と同一視していることが明らかとなった。Bは治療者に対する甘えと精神療法を深めていく不安について表出した。彼女は、精神療法を深めていく不安を抱えられず、いったんは精神療法の中断を申し出たが、その危機を乗り越えた後、彼女はいっそう自由に感情を表出できるようになり、治療者への感謝を口にした。

四五回目のセッションの後（一六五頁）、Bはまたもや沈黙がちとなっていったが、このときの雰囲気は抑うつ的ではなく、取りつく島もないという風情であった。連想は深まらず、セッションはたびたびキャンセルされた。この間、夫との関係は修復されていった。彼女は、それまで子どもを産むことに抵抗があったのだが、夫との子どもを産んでもよいと思えるようになる。また、母親との関係も現実的でほどよいものとなっていった。彼女は就職を決め、仕事の都合で一か月間、セッションを持つことができなかった。そして、彼女は精神療法の面接の頻度を減らすことを提案した。私はこの件に関しては話し合いが必要であると即答を避けたが、彼女の仕事の都合で、そこからさらに一か月間、セッションを持つことができなかった。再開後の三セッションで、精神療法の継続やそのあり方について話し合われた。私は、面接の頻度を減らすよりは、いったん終了して、必要ならば再開するという形のほうがよいであろうと伝えた。彼女は、精神療法がなくなる寂しさについて連想した。そして、精神療法はいったん終了となる。精神療法が一定の成果を上げたところで、精神療法をこれ以上深める不安が勝り、抵抗が強まったと考えられる。

しかし、その一か月後には、Bから精神療法の再開の申し出があった。職場の同僚に母親像を投影し、そこでの不安や苦痛が強まったことが主たる理由である。結局、仕事は退職となった。これ以降、彼女の攻撃を受け止めて、報復しない治療者＝母親という文脈がワークされ、彼女は精神療法のなかで夫をめぐる感情、特に強い怒りについて初めて具体的かつ詳細に語った。その翌回のセッションで、彼女は治療者に対する強い怒りを表出した。私はただ彼女の怒りを受け止めることに専心し、特別な介入を行わなかった。その翌回のセッションを彼女は無断でキャンセルした。私は彼女に電話をした。彼女は精神療法の終了を申し出たが、私はセッションのなかで話し合うことを提案した。彼女の家庭状況としては、夫がふたたび失業状態となっていた。しかし、六三回目のセッションで（一六七頁）、彼女はふたたびフルタイムの仕事に就職し、精神療法の継続は不可能な事態となった。私は、現状に対する理解と今後の指針について彼女に伝えた。彼女は、アンビヴァレンスを示す事柄について語り、精神療法は終了となった。

その後、彼女から二回便りが届いた。彼女は以前よりは自由になり、ゆとりを持てるようになっていた。そして、夫も仕事をしていた。精神療法は一定の成果を上げたようだ。

5　退行臨床の展開

私が最初に退行の臨床的意義と出会ったのは入院治療という設定であった。精神科医になってしばらくは、入院という設定で主治医として患者の治療に携わることが可能であり、臨床実践のなかで退行を抱えることについての思索や方法論を深めていった。しかし、ある時期から、私が利用できる治療の場は精神科の外来のみとなり、入院という設定による退行の抱えが実践できなくなった。そもそも、退行には危険性が伴う。特に、重篤な精神病理を有する患者の場合、危険な行動化が出現する可能性があり、その際に患者の安全確保をするために即座に入院できる環境を持っていることが重要である。結局、私は患者の退行についてかなり慎重な姿勢を保持せざるをえなくなった。基本的には退行抑制的な治療をこころがけた。そのときにBと出会ったのだ。

私は、彼女の成育歴と私と出会うまでの病歴から、彼女が極度の退行状態に陥り、危険な行動化が頻出する可能性は低いと見立てた。精神科外来における精神療法のなかで、彼女は全面的にではなく、部分的に退行した。転移が展開するなかで、彼女は、精神療法に夢という退行的素材を持ち込んだ。

フロイトは、『夢解釈』(1)のなかで夢と退行について次のように語っている。

幻覚的な夢において生起することを記述する唯一の方法としては、興奮が後ろ向きに移動すると言うしかない。興奮は、装置の運動末端に伝えられるのではなく、感覚末端に移動し、最終的には、知覚系に到達するのだ。覚醒時の生活において無意識から生起する心的過程が取る方向を〝前進的〟と記述するならば、夢は〝退行的〟特徴を有すると言ってもよいであろう。[1]

そして、フロイトは、『夢解釈』[1]に一九一九年に追加したパラグラフのなかで次のように記述している。

夢は、概して、夢を見る者の最早期の状況への退行の一例であり、その人の幼年期、幼年期を支配する本能衝動やそのときその人が使用可能であった表出方法の再生なのだ。[1]

精神療法プロセスのなかで夢を見て、それを報告すること自体が退行的な意味合いを有していると私は考えている。さらに、Bは夢だけではなく、みずから無意識との関係を示唆して、能動的な空想を精神療法に持ち込んだ。能動的な空想もまた夢と同じく、思い描くこと自体とその報告に退行的な意味合いがあったのだろう。夢や空想の意味内容について探究することも大切であるが、夢を見たり、空想を思い描くことができる治療状況を創り出し、それを維持することのほうがはるかに重要である。すなわち、患者が退行を十分に享受できる環境を整え維持することが肝要なのである。そして、探究に関しても、治療者が性急に解釈するよりも、患者が自発的に探究し、意味を見出すことができるように状況を見守るという姿勢が治療者には求められる。このことは、治療者が安全基地（ボウルビィ）として機能するということを意味している。

6　おわりに

本症例の精神療法過程は転移のワークを中心に進んでいるかのように見えるが、精神療法関係のなかである程度の退行が生じ、退行的素材をその関係のなかに持ち込むことができたこと自体が精神療法プロセスを進展させたと考えられる。入院と比べると比較的弱い構造である外来において、比較的安全に退行を経験し、退行的素材をワークすることが可能であること、その際に夢や意識的な空想の生起とその取扱いが重要な役割を果たすことを改めて実感した私は、さらに臨床実践を積むことで、退行臨床の実践様式についての考えを深めていった。次章では、私の退行臨床の理解と設定に関する現在の到達点について解説したい。

第六章　退行臨床の現在

1　はじめに

第五章で取り上げた症例以降、私の精神療法実践の設定は、精神科外来から自費設定の心理相談室に移行していく。構造はいっそう脆弱となり、設定による患者の退行の抱えはより困難となった。そのような状況下で、私は比較的安全に退行を抱える設定や工夫を模索していった。この時期に出会ったのが本章で取り上げる症例Cである。そして、Cとの精神療法の設定は、その後現在に至るまで、私の退行臨床の基盤となっている。Cとの精神療法過程を臨床素材として、私の現在の退行臨床の実際を紹介するとともに、その臨床的意義について検討したい。

2　症例　独身女性C

Cの主訴は「感情の起伏が激しく、自分でコントロールできない」というものだった。彼女は知的な雰気を纏っていたが、不安が高そうな物腰が印象的であった。

彼女は中学時代にクラスメートと芸術活動を始めた。彼女たちはその分野で高く評価され、高校時代からプロとして活躍していた。二〇代前半で、仲間と袂を分かち、その後は一人で芸術活動をしていた。芸術活動を展開させるため、および、日本における対人関係のストレスから逃れるため、彼女は二〇代半ばの数年間を海外で過ごす。その間、現地の大学に通いながら、芸術活動を行っていた。二〇代後半で帰国し、彼女は父親の会社を手伝うようになった。帰国後、感情の波を自覚するようになり、友人に相談したところ精神療法を勧められ、私のもとを訪れた。私は精神療法の予備面接を提案し、彼女は同意した。そして、予備面接を数回行った後、精神療法の契約を結んだ。

彼女の父親は会社を経営しており、母親も自営の仕事をしていた。予備面接の際には、彼女は両親に対するポジティブな印象を語った。しかし、両親が彼女の結婚を望んでおり、自分は好きな人と結婚するより、両親の気に入る人と結婚しようと思うと彼女は語った。彼女は両親の価値観に合わせているとも言っていた。

Cは幼児期に近所の男性による「性的イタズラ」を経験した。母親は彼女に「忘れなさい」と言ったので、彼女は忘れた振りをしていると語った。対人関係においては、女性よりも、男性のほうが付き合いやすいということであった。

私は、予備面接を通して、性的トラウマ体験と母子関係の問題が大きいという印象を持ち、それを彼女に伝えた。この理解に対して、彼女は「私が楽しくないほうがお母さんは幸せだと思う。お父さんと仲よくしているとお母さんの機嫌が悪い」と連想した。

私は、彼女の社会適応が悪くなく、生活史上、破壊的な行動も認められないため、彼女の人生に極度に悪影響を与える破壊的行動化は生じないだろうと判断し、カウチを用いた精神療法を提案した。頻度については週二回以上を勧めたが、彼女の仕事の都合もあり、週一回となった。精神療法の場は自費の心理相談室であった。

カウチのうえでのCの特徴は、側臥位で胎児のポーズを取ることだった。連想は流暢ではなく、沈黙をはさみ、ぽつぽつ話すといった趣だった。

精神療法に入った初回のセッションの冒頭でAは夢を報告した。

夢1

「やることがいっぱいあってどうしようと思っている。友だちと会わなければならないし、仕事もしないといけない。それなのに、お酒を飲んで車に乗っている。焦っている。何から処理していいのかわからない。車に乗って仕事をしないといけないのに、お酒を飲んでいる」

私はこの夢に関して、精神療法との関連についてのみ指摘した。Cは、この介入には特別な反応をしなかったが、母親について連想した。彼女は、精神療法を受けていることを母親に知られることを不安に思っているという。その理由として、母親から「大丈夫」と言われることを恐れているからだと彼女は語った。さらに、彼女は、最近学校で起こった事件のニュースに触れ、自分の子どもが何らかの事件に巻き込まれたときに、親として子どもに何と言ったらいいかわからないと連想した。私は、彼女の性的トラウマが母親との関係において癒されておらず、彼女は性的トラウマが癒されないと子どもを産むことができないと思っているようだと伝えた。すると、彼女はあるイメージを語った。それは、子どものCと性的いたずらを行った近所の男性が並び立っており、それを大人のCが見ているというイメージである。大人のCはただ見ているだけで、子どものCを助けてあげようと思っていないという。しかし、ふたりは見つめ合っているのだ。さらに、彼女は中学校時分、母親と電車のなかで、偶然その男性と再会したという記憶を想起した。その際に、母親は「顔を合わせてはいけない」と言ったという。私は、精神療法を受けること自体が、母親の考えからの自立という側面があるのだろうと指摘した。彼女はこの介入を否定したが、彼女の服装は母親の助言通りのものであると連想した。

二回目から四回目のセッションにかけて、二系列の連想が展開した。ひとつは、Cを理不尽に扱う男性というテーマであった。仕事関係でセクハラ的言動を示す男性、かつて彼女を理不尽に扱った男性教師、性的いたずらを行った男性、など。もうひとつは、彼女の苦境を理解しない母親というテーマであった。現実の母親の無理解、そして、彼女が性的いたずらを受けた際に、その男性の母親が部屋に入ってきたのだが、何も言わずにすぐに出て行ったというエピソード、など。Cは無理解な母親イメージを取り入れており、自分のなかのネガティブな感情を受け入れられないという内容も連想された。また、両親と三人で出かけた際に、彼女と父親が夫婦に間違えられ、母親が嫌がったという、エディパルな文脈を有するエピソードも語られた。

五回目のセッションにおいて、Cはまず、先日コンサートに行ったとき、後ろの席で咳をしている人がいて、気分が悪くなったというエピソードから話し始めた。前の席にも咳をしている人がいて、その人のことは気にならなかったという。私は、前回のセッションで、自分が咳をしたことを思い起こしていた。さらに、彼女は海外のライブハウスにいたときに、後ろのほうで店員がうるさくしていたときに腹が立って灰皿を投げたこと、仕事関係でセクハラ発言を示す男性と立食パーティで同席した際に、フォークで刺す空想を持ったことを連想した。そして、Cは夢を報告した。

夢2

「ヘリコプターであるところに行くのだが、自分で操縦しなければならない。ヘリコプターを点検しているところを父親が見ている。しかし、自動操縦装置がついてない。自分ひとりでは操縦できない。自動操縦装置は今からでは設置することができない。父親は「とりあえず行ってみたら」と言う。無理だと思うけど行くしかないと思った」

私は次のような解釈を行った。前半の連想は、セッションのなかで治療者にセクハラをされているような感覚を抱いているということを示している。そして、夢は、精神療法状況を表しており、治療者は父親のように頼りにならないので、ひとりで何とかしないといけないと思っていることを示している。さらに、私は「あなたは、一方で私が頼りにならないという理由で、他方で私があなたに嫌な思いをさせているという理由で、私に対して強い怒りを感じているのだろう」と解釈した。Cはその解釈を否定したが、自分の内的なものに触れたくないという連想を行った。さらに、彼女は、以前は精神療法に抵抗があったのだが、今は覚悟を決めていると語った。私は、覚悟を決めたがゆえに、治療者に頼りたい気持ちが高まっているのだろうと伝えた。すると、彼女は、以前にある楽器を習っていたときに、行き詰まりを経験したこと、そして、その行き詰まりを乗り越えるべく、新しい技法の教授を希望した際に、その先生から月謝の値上げを言われ、ショックを受けたということを想起した。私は、精神療法への覚悟が生起したところで、自分のやる気を治療者に利用される不安が生じたのであろうと解釈した。彼女は「わからない」と語り、楽器の話に戻り、「頑張ろうとしていたのにそう言われた」と語った。私は、精神療法を頑張ろうとしているのに、治療者がネガティブなことばかり取り上げ、やる気を削いでいると感じているのだろうと解釈した。彼女は「わからない」と呟いた。

六回目のセッション以降、彼女は、精神療法に対する抵抗がさらに高まっていることを報告するようになる。六回目では、重要なことを自分自身に対して隠しているように感じると語り、こころのなかのネガティブなものを入れる金庫を鉄に溶かし込んで、まったく取り出せないようにして、さらにそのすべてを貸金庫に入れたというイメージについて語った。七回目では、「先生に対してシャッターが完全に閉まっている」と言い、八回目では、「戸をパタッと閉めた」と語った。さらに、シャッターは個人用で、父親用、母親用、治療者用が個別に存在するという。九回目では、治療者用のシャッターの部屋から治療者がいなくなり、その分、安定してきたと語られた。このような抵抗の背後には侵入される不安が存在していた。この間、さまざまな男性の侵入的行為に対する嫌悪感について彼女は連想した。Cが芸術活動を行っていた際に、ある男性が彼女の財布からお金を盗んだというエピソードや会社の支店長の金銭トラブルなどが想起された。楽器を習っていた際の値上げ、貸金庫、財布からお金を盗むこと、金銭トラブルなど、金銭にまつわる連想が展開したことは注目される。一方で、支店長の金銭トラブルが支店長の妻の妊娠と関係していることなど、妊娠をめぐる連想もさまざまに展開していた。

このような状況下で、長期休暇（三週間）が迫ってきた。長期休暇直前のセッション（一一回目）で、Cは治療者にこころを許していないと語り、「自分がここで前進するのを自分で邪魔している」と連想した。

私は、精神療法に対する抵抗を語るCを目の前にし、長期休暇に対する彼女の不安を感じた。そして、私はそのことを解釈したが、彼女は解釈内容を否定した。私は、その後の彼女の連想から治療者に放置されることに対する怒りを彼女が体験していると理解し、それを伝えた。すると、彼女は、「今までも放って置かれていないとは思っていません」と長期休暇が特別な影響を与えていることを否定し、むしろ、常に治療者は自分を突き放していると連想した。

長期休暇明けのセッション（一二回目）で、Cはまず夢を報告した。

夢3

「会社のみんなと空港に行くことになっている。空港に集合する前に、髪の毛を染めようとしたが、どうするかなかなか決まらず空港に行く。父親や会社の幹部がバーで酒を飲んでいる。父親のもとに行くと、父親は「行くのか」と言い、にやにや笑っている。かつがれたと思った。父親の向こうに女の人、さらに向こうに男の人がいる。父親と女の人ができているのではないかと思っている」

彼女は夢に関する連想のなかで、父親が一番好きなのは自分だと思っていたのだが、最近はそうでもないと思うようになり寂しくなったと連想した。さらに、以前失恋したとき、男性が他の女性に心変わりをしたというエピソードを想起した。それから、彼女は怒りという事柄について何事か連想した。私は夢に関連して出てきた連想が、彼女が愛情を求める男性が自分を一番に愛しているわけではないというテーマを有していることと長期休暇の関連を指摘し、（あなたは私を大切に思っているのに、私はあなたを一番大切にはしていないと感じ、怒りを感じているのだろう）と解釈した。この解釈に応じて、彼女はセッションに来ると吐き気を感じると言った。

翌一三回目のセッションで、Cは珍しく一〇分ほど遅刻をする。セッションに入ると、彼女はまず夢を報告した。

夢4

「アメリカのジェットコースターに乗っている。説明するのは日本人なのに英語で説明するのでよく理解できない。日本人が八人乗っている。室内から外に出るタイプのジェットコースター。室内にはいろいろトリックがある。トリックがあるときはシートベルトを外さないように注意される。物が飛んできて、他の人が血を流したりする。また人を轢いたりする。それで係の人を呼んだりで、なかなか始まらない。でも、そのようなことはすべてトリックだった。なかなか外に出ることができない」

夢について連想を促したが、Cは何かを語ることに逡巡しているようだった。少し語り出しては、口ごもりしばらく沈黙するということが続く。そして、彼女は小さい頃、両親の寝室からセックスの際の声が聞こえてきたという体験について語り出した。その際に、彼女はずっと寝たふりをしていたという。このような過去の想起が生じた後、彼女は治療者に侵入される不安について語り、さらに、みずから夢に触れて、「私はここでぐちぐち言っているけど、前に進めているのかな」と連想した。私は、夢のなかで説明がわからないとは、治療者の解釈が理解できないということを意味しているのだろうと伝えた。彼女は肯定し、そこから連想は原光景に戻った。そのとき、母親に対するネガティブな気持ちはあったが、父親に対してはなかったという。そして、母親は仕事が忙しかったため、遊んでくれたのも保育所に送り迎えをしたのも父親だったことを想起した。さらに、今でも父親と仲がよいことが語られた。

次回の一四回目のセッションでは、彼女はリラックスした雰囲気であり、過去の性的いたずら、および現在と過去の性生活について具体的に語った。そして、最近は、治療者に対して壁を作っていないと語り、「最初の頃は、先生にあまり入ってこられないようにしていた。でも、先生は強引になかに入ってきた。最近は、それが嫌ではなくなってきた」と話した。

一六回目のセッションで、彼女はまず夢を報告した。

夢5

「レコードをステレオのハードディスクに入れようとした。音は入っている。音が入ると日付と時間が表示される。それを消してタイトルを入れるのだが、タイトルをインプットしてEnterを押すが認識しない。押しても日付と時間になってしまう」

私は、Cの連想から、適切に反応しない治療者という文脈を解釈したが、彼女は否定し、しばらく沈黙した。そして、彼女は、両親の寝室からセックスの際の声が聞こえてきたとき、マスターベーションをしていたことを想起した。さらに、予備面接の間、性的欲求が非常に高まり、マスターベーションをしようとしたが、自分で触ったときに触られている感じがせずに止めたと語った。さらに、カウチに横になるようになってからは性的欲求が低下したという。私は精神療法で性的な刺激を得ており、そのためマスターベーションの必要性が低下したのだろうと伝えた。彼女は、マスターベーションはすっきりするが、精神療法はすっきりしないと言った。

さらに一八回目のセッションで、彼女は夢を報告した。

夢6

「学校で授業をしている。広い教室。三人がけのソファに女の子三人が座っている。男の先生が来て、面接をするために一緒に行かないといけない。右端に座っている女の子を私と間違えた。それから、女の先生が来たが、私と同じ服を着ている。お揃いだときゃぴきゃぴしている。面接をするために部屋を出たら、その先生を見失った。人がいっぱいいる。私は迷ったり、ぐたぐたしていた。部屋に着いて、話をしていたら、他の先生が入ってきて、出て行けと言われた。私は中庭で泣いている。教室のなかから女の子が見ている」

Cは、学校の夢はよく見ると語り、校舎が出てきたらたいてい道に迷うと連想した。私は、精神療法における作業も道に迷っているように思えるのだろうと伝えた。彼女は、「地図があったらほしい。自分の位置がわからないと気持ち悪い」と言った。私は、この精神療法がどこに向かっているのか不安なのだろうと伝えた。彼女は肯定した。

一九回目のセッションでも引き続き、精神療法を受けることにより何かと直面する不安があるという事柄がテーマとなる。その不安が取り扱われると、Cは、中学時代にともに芸術活動を始めたクラスメートについてここまでほとんど連想していないということに触れた。翌二〇回目では、そのクラスメートについての連想が中心となった。内容は、原光景に関連するもので、両親の性交から排除されているという内容であった。母親への怒りや憎しみは、母親を表象していると思われるそのクラスメートを介して表出された。

二一回目のセッション（精神療法が開始され半年ほどが経過していた）以降しばらくの間、Cの雰囲気はきわめて抑うつ的なものとなった。セッションのほとんどの時間は沈黙に費やされた。また、夢の報告もなくなった。この間に、彼女は、父親の意向もあり見合いをして、結婚の方向に動き出している。

二七回目のセッションでは、彼女は、治療者に結婚を反対される不安について連想した。その後、彼女の結婚に関して、母親の不機嫌が障害となっているという連想に展開する。彼女は、「私の不幸のうえに母親の幸せが成り立っている」と連想した。私は、(あなたと父親が仲よくすると母親が不機嫌になると思っているのだろう)と伝えた。彼女は肯定し、エディプス的三角関係を示唆する連想を行った。

翌二八回目で、彼女は、前日、緊張状態で朝まで起きていたと語り、「わざと夢を見ないようにしている」と連想した。私は、治療者に何かを見せたくないと感じているのだろうと伝えた。彼女は肯定し、しばらく沈黙した。そして、彼女は「何を話したらよいかわからない」とつぶやき、またしばらく沈黙した。それから、婚約者について連想を始めた。前回のセッションの後に、その彼と一度性行為を行ったが、性的いたずらのときの感覚が蘇り、不安が生じ緊張状態になった。そのままの状況で今回のセッションに来るのが嫌で、本日までに急いで再度性行為を行ったと語った。今回は、性的いたずらの映像は浮かばなかったが、性行為中、何の快感もなかったという。私は、不安を抑えるために、感覚を全般的に麻痺させているのだろうと伝えた。彼女は、「それを突かれるのが嫌だった」と語った。二九回目において、彼女は、最近夢を見ないということに触れ、「封印しているよう」と連想した。また、全体としては沈黙がちであった。

三〇回目のセッション以降の一か月間は、婚約者との関係性を精神療法のなかで考えていくことに対する不安が中心的テーマとなった。また、彼との関係では、娘が誕生することをめぐる不安が存在するようであった。それは、娘が生まれることで、自分と娘の間で母親と自分の関係が繰り返される不安であった。

三五回目のセッションの冒頭で、Cは久しぶりに夢を報告した。

夢7

「支店長が犬を飼っている。家でも会社でも飼えないので、週一回行っている別宅で飼っている。その他の日は、会社の他の人が飼っている。私は支店長の別宅に行って、犬と遊んでいる。私は支店長と会わないようにこそこそしている。でも居心地はよかった」

私は、週一回という要素に注目し、精神療法との関連を指摘し、(ここは居心地がよいが、私とともにいることは落ち着かないのだろう) と伝えた。彼女は、「ここ最近は、誤魔化しているような気がする。でも、何を誤魔化しているのかはわからない」と語った。さらに、彼女は、婚約者への気持ち、出産や子育てをめぐる不安について連想した。そして、彼女は、母親から受けた暴力について想起した。彼女は、母親の暴力はしつけの範囲だったと思うと語った。翌三六回目では、母親に対する怒りを表出できないというテーマが展開する。その背後には、怒りを表出すると、母親に報復されるという不安があるようだった。

三七回目のセッション以降、一か月間ほどは、彼女の雰囲気はまたもやきわめて抑うつ的となり、面接のほとんどの時間は沈黙が占めた。わずかに語ることは、出産、子育てにまつわる不安であった。そして、四二回目のセッション (この時点で精神療法が始まって以来、一一か月が経過していた) の後、約一か月間の長期休暇に入った。

長期休暇明けの四三回目のセッションで、Cは先日見たという夢を報告した。

夢8

「車に乗っていて、トラックと正面衝突する」

彼女は、婚約者と新居に引っ越す準備をしていると語った。私は、夢の内容に触れ、彼とともに暮らすこと、そして、精神療法が再開されることが破局的恐怖を生み出しているのだろうと解釈した。彼女はしばらく沈黙した。私は、全体にひどく不毛な感覚を味わっていた。四三回目以降、一か月ほどは、結婚をめぐり家族との間に面倒事が生じており、彼女は家族に怒りを感じているという事態がテーマとなった。セッションのなかでは、彼女は全般的には沈黙がちであったが、このあたりでは、抑うつ的というより、治療者からひきこもっているといった風情であった。セッションの雰囲気は不毛感が主調となっていた。四四回目で、婚約者と結婚したことが報告された。

四六回目のセッションで、彼女は夢を報告した。

夢9

「洗濯機に、洗濯機を洗うという機能があり、夜セットした。朝には終わっていると思って、蓋を開けようとしたが開かなかった」

彼女は、夢のなかで、焦っている感覚を覚えたと語った。私は、精神療法ではこころの蓋を開けることができずに焦っているのだろうと伝えた。彼女は、ここでも緊張していると連想した。私はさらに、(あなたのなかに蓋を開けようとしている部分と、開かないようにしている部分があるのだろう)と伝えた。すると、彼女は「やり場のない感情をどうしたらいいのかわからない」と語った。その後、子どもが生まれる不安をめぐる連想に移行する。翌四七回目で、Cはセッションの間中ほぼ完全に沈黙していた。そして、四八回目で、彼女は五分ほど遅刻し、さらに冒頭から一五分ほど沈黙した。彼女は、最近、体がだるく会社に行きたくないのだが、会社を休んでいいものかどうかわからないと語った。それからしばらく沈黙して、「話すことがない」と言った。私は、遅刻や沈黙について指摘し、精神療法にも行きたくないという気持ちがあるのだろうと伝えた。彼女は、しばらく沈黙した後、「自分の問題を解決するのに人の悪口が必要なのだろうか」と連想した。私は、他者に対する攻撃的な気持ちしか思い浮かばないので、話すことがないと言っているのだろうと伝えた。すると、彼女は、家族や友人に意見を言うと、報復されるというエピソードをいくつか語った。私は転移の文脈が語られていると理解し、それを解釈した。彼女は、話すことがないとき、「緊張する。吐きそうになる」と語った。そして、日常生活でも、吐き気を感じるときがあり、そのとき、吐きたくても吐けなくて苦しいと連想した。

四九回目のセッションで、Cは、面接室の外で、吐きたくても吐けない状態になったときに、治療者に助けてほしいと思ったことがあると連想した。ただし、面接室のなかでそう思ったことはないという。そして、前回のセッションの後、気分が悪くなり、駅の休憩室でしばらく休んでいたことが語られた。治療者に助けてほしいと思ったが、それは現実的に無理なので、夫に迎えに来てもらったという。さらに、以前に過呼吸で救急搬送されたとき、母親ではなく、父親が迎えに来たというエピソードを想起した。私は、転移の文脈を指摘したうえで、本当は母親に助けてほしいのだろうと伝えた。すると、彼女は性的いたずらを受けたときのことを想起し、そのときに、母親に気分を楽にする言葉をかけてほしかったのかもしれないと呟いた。

翌五〇回目にやってきたとき、Cの雰囲気は極度に抑うつ的であった。まず、彼女は一〇分ほど沈黙し、「話すことがありません」と言った。その後も沈黙がちではあったが、母親や母親の代理対象に対する怒りを見ないようにしているというテーマが少し語られる。私は転移の文脈を指摘した。彼女は、実家の電気製品の配線がこんがらがっているというイメージが浮かんだと語った。それを見ると気持ちが悪くなるという。私は（あなたのこころのなかもこんがらがっており、それゆえに、それを言葉にすることができず、気持ちが悪くなっているのだろう）と伝えた。すると、彼女は唐突に、「最近、火事が怖いんです」と語り出した。そのために、家を出るときに、元栓を何回も確認してしまうと言った。私は、火は彼女の怒りであろうと伝えた。この解釈に対して、彼女は一〇分ほどの沈黙で応えた。そして、彼女は「緊張してきた」と呟いた。私は、精神療法が彼女の怒りに接近しており、それに対する不安も高まっていることを指摘し、それゆえ、精神療法で話すことができなくなっているのだろうと伝えた。彼女は、セッションの残りの時間を沈黙に費やした。

五一回目のセッションにやってきた彼女は、このところと異なりゆとりがある雰囲気だった。そして、母親との関係が少々変化し、父親との関係に不安や葛藤を感じるようになったと語った。そして、夫と父親を重ねてしまうと連想した。五二回目では、結婚生活での戸惑いについて連想された。

そして、実質的に最後のセッションとなる五三回目のセッションで、Cは、冒頭にまず夢を報告した。

夢10

「父親と一緒にスポーツジムに行った。父親は自分のロッカーに荷物を入れて、ジムに入っていった。私はロッカーが見つからず、会員でないから当たり前と思った」

彼女は、ジムは会社のことではないかと連想した。会社には居場所がないという連想が展開した。彼女の勤めている会社が父親の経営する会社であることを考えると、家庭内での居場所のなさについて語っているのだろうと私は思いを馳せていた。

五四回目のセッション（精神療法開始後一年四か月の時点）に、Cは姿を見せず、電話がかかってきた。妊娠し悪阻がひどいので、キャンセルしたいとのことだった。悪阻がひどいこともあり、安定期に入ってから、今後のことを話し合うことにした。数か月後、彼女から電話があった。安定期に入り、体調も気持ちも安定しているという。しかし、精神療法を受けることで情動が不安定になることが不安であると語った。私は、彼女の気持ちを受け入れ、出産後に精神療法の継続について話し合うことにした。このとき、彼女は、最近は、気持ちを押さえ込むことなく、夫や家族とコミュニケーションを取れるようになったこと、そして、以前よりも前向きに考えることが可能になっていると語った。出産後、しばらくして彼女から電話があり、話し合いのうえ、精神療法を終了することで合意した。

この後、現在まで、数十年の月日が経過している。この間、私は彼女の希望もあり、数回コンサルテーションを行った。数年に一度の頻度であった。コンサルテーションのなかで、彼女は結婚生活や育児のなかで覚えた不安について語った。私は支持的に聴くだけに留めた。彼女は不安を体験しつつも、それをおおむね自身のなかで抱えることができるようになっていた。気分変動も以前に比べると顕著なものではなくなっていた。自身の改善を確認するために、ときどき私との接触が必要となるのだろうと私は考えている。

3　Cの精神病理をめぐる考察

Cの生活史上、注目されるのは小児期の性的トラウマである。精神療法過程を振り返ると、この性的トラウマ体験はCのエディプスをめぐる不安と防衛の結果としてのスクリーンメモリーであるように見える。すなわち、この性的トラウマ体験はエディパルな文脈を有しているように思われる。

フロイトは、エディプス・コンプレックスを自身の理論の中心に据えた。フロイトのエディプス・コンプレックスの発見は、自己分析を介してなされた。それゆえ、当初のエディプス・コンプレックスのモデルは、男の子と両親の関係を基盤としている。このモデルの主人公が男の子であるかぎり、ストーリーは単純でわかりやすい。フロイトは、後期に至り、女の子のエディプスについても理論化を試みたが、フロイトの天才をもってしても、それは粗雑なものであったと言わざるをえない。

子どもにとって、その一次対象が母親であることは言を俟たない。それが部分対象であるか、全体対象であるかはここでは論じない。それは単なる理論的立場から決定される問題に過ぎないからである。男の子のエディプスは、一次対象の維持なのでわかりやすい。一方、女の子のエディプスの最大の謎は、リビドー対象が一次対象たる母親から父親にいかにして移行するのかという問題である。フロイトは、そこにペニス羨望を見出したのだが、その理屈には飛躍があり、到底説得力があるとは言えない。フロイトのエディプス・コンプレックスに関する考えについては、「解剖学的な性差の心的な帰結」[2]にまとまった記述があり、参照していただきたい。

Cとの精神療法過程において、エディプス的布置がそこかしこに現出した。しかし、この布置の背後に、母子関係の問題が見て取れる。つまり、Aのエディプス的布置は、母子関係をめぐる葛藤や不安への防衛として機能しているのだ。

私は、女の子が一次対象たる母親から、リビドー対象を父親に遷移させることの背後に、母子関係をめぐる問題があると考えている。つまり、女の子のエディプス的布置の動機は、フロイトが述べたペニス羨望ではなく、母子関係をめぐる葛藤や不安と関連していると思われる。あるいは、そこに存在するのはアタッチメントの問題と考えるほうがより妥当かもしれない。むろん、ここでの母子関係は早期のものである。つまり、女の子のエディプス的布置は、乳幼児のニーズに母親が適切に適応することができなかったということに起源があるのだ。先ほど、ウィニコットを援用し、母親が乳幼児のニーズに適応できないとき、侵襲が生起し、子どもは絶滅する不安を体験すると述べた。私はその体験を「原初的トラウマ」と名づけた。女の子のエディプス的布置の少なくとも一部は、母子関係に起源を有する「原初的トラウマ」への防衛として生成されると私は考える。

Cの不安や葛藤は性的な感覚と結びついていた。セッションが始まって以来、彼女の性的欲求は減退している。また、セッションにおいて性的満足を得る（セッションの性愛化）という文脈も存在していた。さらには、婚約者とのセックスにまつわる不安、それを乗り越えようとする性的な行動化も認められた。これらは直接的には性的トラウマ体験と関連しているように見えるが、精神療法のなかで、その根底に原光景をめぐる不安や怒りがあることが明らかとなった。彼女は原光景をめぐる不安や怒りに対して、マスターベーションをすることで対処した。このことにはいかなる意味があるのだろう。ウィニコットは「一人でいられる能力」[3]のなかで、原光景とマスターベーションの関連について記述している。それを引用してみよう。

> 個人のひとりでいる能力は、原光景によって喚起された感情を取り扱うことができるかどうかにかかっている。原光景においては、両親間の興奮に満ちた関係が知覚されるか想像されるかするのだが、健康であり、かつ憎しみを支配し、憎しみを寄せ集めマスターベーションすることができる子供ならばこの関係を受け入れる。マスターベーションにおいて、個々の子どもは、意識的・無意識的空想の全責任を受け入れるのだ。個々の子どもは、三者関係ないし三角関係における第三者で

ある。そうした状況においてひとりでいることができるということには、性愛の発達の成熟、すなわち男性の性交能力あるいはそれに相当する女性の受容の成熟が必然的に伴われる。つまり、そこには攻撃的衝動と観念および性愛的衝動と観念の融合が伴われるのだ。さらには、そこにはアンビヴァレンスへの耐性も伴われる。これすべてと並行して、個人の側の両親それぞれとの同一化能力が当然ながら存在するだろう。(3)

ウィニコットは、原光景をマスターベーションの素材として用いることができることを情緒的成熟と捉えているようである。この考えは正常発達という観点からは正しいと思われる。しかしながら、Cの場合は、おそらく早期母子関係に起源がある不安や葛藤が色濃く存在しているため、原光景はトラウマ体験として作用したのだろう。彼女が原光景に接した際に行ったマスターベーションには、トラウマとしての原光景に由来する不安や怒りへの防衛という側面が色濃く存在していた。おそらく、原光景を情緒的成熟の糧とするためには、それ以前の早期母子関係（アタッチメント関係）がほどよいものである必要があるのだろう。

Cの病理の中核にある早期の母性的世話の欠如とトラウマとしての原光景の関連は、後の小児期に体験した母性的思いやりの欠如と性的トラウマの関連のなかに再演されたと考えられる。

4　Cとの精神療法プロセスをめぐる考察

Cは、精神療法が始まった当初から、カウチのうえで胎児のポーズを取っていた。このことから、彼女は最初からある程度の退行を起こしていたと考えてよいであろう。また、最初のセッションから夢が持ち込まれた。そこからの連想のなかで母子関係のありようが明らかとなった。その後、彼女の連想は、自分を傷つける男性像、自分を守らない母親像、その帰結として生起したエディプス的布置がテーマとなって展開した。むろん、これらのテーマは転移のうえでも展開していた。

五回目のセッションで（一八〇頁）、彼女はこの状況を表す夢を持ち込み、それは転移の文脈で取り扱われた。その結果、彼女の精神療法への不安が高まり、彼女は空想のなかで治療者と距離を取ることで対応しようとする。そうした状況のなかで、長期休暇を迎えた。長期休暇明けのセッションで報告された夢では、彼女は治療者を自分以外の者を愛する父親として体験しているということが明らかとなった。さらに、翌セッションで報告された夢への連想を通して、彼女は原光景を想起し、そこにまつわるエディプス感情について語った。一六回目で報告された夢から（一八五頁）、Cは精神療法から性的快感を得ているという文脈が取り扱われた。先述したように、それは母子関係に起源を有する不安を性的な快感で防衛していたことと関係があるように思われる。

その後、彼女の連想は精神療法を受けることをめぐる不安が中心となっていく。そして、精神療法が開始されて以降六か月から八か月の間、Cの雰囲気はきわめて抑うつ的なものとなった。セッションのほとんどの時間が沈黙に費やされるようになった。また、夢の報告も減少した。この間に、彼女の現実生活では結婚に向かう流れが生じる。その後の二か月間も連想は現実的な内容が中心であり、セッションの雰囲気は不毛なものであった。私は、セッションのなかでは介入をほとんどせず、精神療法状況を抱えることに専心した。すると、彼女は三五回目のセッションで夢を報告した（一八七頁）。その夢をきっかけにして、彼女に抱えを提供しない母親に対する不満と怒りというテーマが取り扱われた。しかし、そこから一か月間、彼女の雰囲気はまたもや抑うつ的となり、セッションを沈黙が支配するようになった。そのまま長期休暇を迎えた。

長期休暇明けのセッションでは夢が報告されたが、精神療法への不安がきわめて高まっていることが示された。その後、彼女は治療者と精神療法からのひきこもりを見せるようになる。その一方で、治療者への依存心も強まっていたようだった。そのような状況下での五〇回目のセッションで（一九〇頁）、Cの怒りが取り扱われた。そのセッションをきっかけに、彼女はゆとりを取り戻していき、雰囲気もリラックスしたものとなっていく。

その後、Cは妊娠し、精神療法は中断となった。精神療法が十分な深さまで到達していないことは明らかである。私は、時に解釈を行っているが、全般的には精神療法が自発的に展開するプロセスを阻害せず、その道行を見守り、状況を抱えることに専心している。すなわち、患者がみずから退行し、みずから退行的素材をワークできるよう援助したのだ。Cの妊娠とそれによる精神療法の中断はある種の行動化ではあるが、私はこの素材を行動化としては扱っていない。というのも、私は妊娠と精神療法の中断も、主としてネガティブな意味合いを有する行動化ではなく、精神療法の自然経過と考えたからである。もちろん、症例によっては、精神療法の中断を受け入れつつも、その行動化の意味を探究する場合もある。私の臨床判断として、本症例ではその経過の意味を私のなかで思いを巡らせることに留め、その意味を言語的に探究しないことに決めたのだ。

本症例は突然の中断という形で終結した。しかし、その後、数十年のフォローアップで、彼女は臨床的にはある程度の改善を見せ、それが維持できていることが確認されている。精神療法が十分な成果を上げたとは言えないが、一定の効果があったことは間違いない。

5　本症例における退行の意義

本症例の精神療法過程は夢を軸に展開している。また、精神療法開始時から、彼女がカウチのうえで胎児のポーズを取っていたことからも、カウチの使用が彼女に退行をもたらした側面があると考えてよいであろう。その退行がプロセスに展開を産む夢を見ることを可能にしたと私は考えている。退行をもたらしたカウチの設定にはいかなる意義があったのだろうか？

ウィニコット(4)はフロイトの精神分析の設定について次のように語っている。

> フロイトは早期の育児状況を当然のこととしている。私の主張は、彼は自分のしていることにほとんど気づかないうちに、**彼の作業のための設定を提供する際に、早期の育児状況が姿を現していた**、ということである。(4)

さらにこの少し後の文章も引用しておく。

> カウチと枕は、患者が利用するためにそこに存在しているのである。それらは観念と夢のなかに現れ、無限に多様なありようで分析家の身体、乳房、腕、手、等々を象徴するだろう。（一瞬の間、一時間の間、あるいは長い間）患者が退行するかぎり、カウチは**実際に**分析家であり、枕は**実際に**乳房であり、分析家は**実際に**ある時期には母親となる。極端なことを言えば、もはやカウチが分析家を象徴すると言うことが妥当でなくなっているのである。
>
> 患者の願望、（たとえば）静かでいたいという願望について話すことは適切である。退行した患者に関しては、願望という

言葉は不正確であり、その代わりに、私たちはニードという言葉を用いる。退行した患者には静かでいるニードがあり、それがないとまったく何もなされないのだ。[4]

この文章の少し後で、ウィニコット[4]は「分析家はこの**退行的な**ひきこもりを認識することができなければならない」と書いている。

カウチによる精神療法という設定自体が、退行促進的であり、また、退行を抱える設定なのである。カウチという設定は精神分析のなかで発明された。そして、精神分析のなかで、カウチは自由連想という方法論とセットとなっている。ここで重要なのは自由連想の内実である。フロイト[1]は、「治療の開始について」という論文のなかで、自由連想の実際に関して次のように記述した。自由連想は「精神分析技法の基本原則」である。

この原則（自由連想）は、治療が始まるまさにその冒頭に患者に伝えなければならない。すなわち、「開始する前に、もうひとつお伝えしておきます。あなたが私に語る内容は通常の会話とはある点で異ならなければなりません。通常ならば、あなたが自身の発言を通じて流れる接続線を維持することは適切ですし、あなたは要点から離れすぎないようにと思い、自身の生じるかもしれない何らかの侵入的観念や何らかの些末な問題を無視します。しかし、この場合には、あなたは異なるやり方で進めなければなりません。あなたは、自分が物事に言及する際に、ある種の批判や嫌気のために無視したいと思うようなさまざまな思考が自身に生じることに気がつくでしょう。あなたは、これはここでは取るに足りない、あるいは、まったく重要ではないか無意味であるので、それを言う必要はないと自身に言いたくなるでしょう。あなたはそれらの批判に決して屈してはいけません。それらの批判にもかかわらず、あなたはそれを言わなければなりません。それどころか、話すことに嫌気を感じるからこそ、それを正確に話さなければならないのです。後ほど、あなたはこの指令の理由を見出し、理解するようになるでしょう。したがって、あなたのこころによぎることはすべて話してください。たとえば、列車の客車の窓際に座り、外を見るときに移り変わる景色を客車のなかで誰かに説明するかのように行動してください。最後に、あなたは絶対的に正直であることを約束したことを決して忘れないでください。何らかの理由でそれを話すことが不愉快だからといって、話さないということを決してしないでください[1]」。

精神分析実践における自由連想は、けっして「話したいことを何でも話してよい」という設定ではない。自由連想は、話したくないことも含めて、すべて話さなければならないという強制的な規則なのである。自由連想という基本原則が前提となるからこそ、沈黙が治療抵抗として取り扱われるという事態が生じるのである。しかし、退行の臨床的意義を重視する立場からは、沈黙する自由も認められなければならない。そして、治療者は、患者が沈黙のなかで、治療者からの退行的ひきこもりをすることを許容しなければならない。私は自身の臨床では、精神分析的な意味合いでの「自由連想」という「基本原則」を採用していない。

このような臨床観に立つならば、治療者も、患者の沈黙に対して、沈黙を持って応答しなければならない局面があると私は考える。すなわち、患者が治療的な退行している際には、精神療法過程を阻害せず、その流れが自発的に展開することを助けるため、治療者は解釈を控えて、その精神療法状況を見守りながら抱えなければならない。しかし、カウチに横たわっている退行した患者は、治療者が完全に沈黙していると、治療者がそこに生きて存在していることがわからなくなる。患者は、治療者の現前のもと、退行する必要があるのである。そのため、治療者は自分が存在すること、そして、自分が目覚めており患者を気遣っていることを示すために、何らかの応答、主として相槌を打つ必要がある。

6　おわりに

私の退行臨床の現在を臨床素材を通して素描した。患者は、カウチを用いた精神療法という遊び場のなかで、部分的に退行するのだ。退行から前進という道筋は患者のなかから自発的に生起しなければならない。その際、治療者は、患者の退行を抱える状況を維持することに専心しつつ、その道筋が歪まないように介入を控える必要がある。

あとがき

本書のなかでも取り上げたウィニコットがその死の少し前に行った講演（講演が行われたのが一九七〇年一〇月二三日、ウィニコットが亡くなったのが一九七一年一月）の冒頭にとても美しい節があります。それを引用したいと思います。

成長というものは、その大部分が衰微に向かうものです。もし私が自分の望むほどに長生きするとしたら、私はだんだんと小さくなり、死ぬことと呼ばれる小さな穴を通り抜けることができるほど小さくなることでしょう。慢心した精神療法家を見つけるために遠くまで出向く必要はありません。この私がいるではないですか。三〇代と呼ばれる一〇年の間は、私は精神分析家になろうとして、多少のトレーニングを積み、多少の技量を習得し、多少の幸運にも恵まれて、適切な瞬間に適切な解釈をすることで、劇的な結果を得ることができるだろうと感じることができていました。精神分析とは、週五回のセッション、その作業に費やされるコスト、家族の一人の成員の治療がその家族の他の成員にもたらす混乱、を引き受ける価値のあるセラピーなのでしょう。

洞察が深まるにつれ、同僚と同様に、治療時間に現れた患者の素材に意義深い移行を作り出すことができるようになりました。私は、より大きな希望、それゆえにより大きな関与、そして、ますます価値ある無意識の協働を産み出すことができました。それどころか、それすべては相当に精妙であり、とびきりのものでした。私の専門家人生の残りを精神療法の実践に費やすつもりでした。以前ならば、週五日五〇分という基盤のもと、必要に応じて長年の間、訓練された精神分析家によって行われるもの以外はセラピーではないとの言述を聞かされていたでしょう。

私はふざけた感じで語っていますが、それは本意ではありません。これが始まりであると言いたいだけです。遅かれ早かれ、小さくなるプロセスが始まるのです。

(Winnicott, D.W. 1970)

ウィニコットの精神分析サークルへの皮肉はともかく、年齢とともに、そして、衰えとともに、万能感を脱却し、臨床を現実的に考えるというプロセスは、精神分析を理想化していないかぎり、誰にでも起こる自然なプロセスです。そして、私も小さくなるプロセスのさなかにいます。そう遠くない未来には、「死ぬこと」と呼ばれる小さな穴」を通り抜けることができるでしょう。もはや創造性も風前の灯であり、新しいアイデアを提示することはできそうもありません。そうした状況にある私がなぜ、今、新しい書籍を刊行しようとしているのでしょう?

遠からず訪れる死を実感した私は、実生活においてはいわゆる「終活」を始めています。今までの私は、自分の欲求に従い、自分にとって意味があると思える活動ならば、手当たり次第にやってきました。しかし、小さくなるプロセスのさなかにいる私には、もはやさまざまな活動に費やすエネルギーが枯渇してきています。そろそろ優先順位を定める必要が出てきたのです。私は自分の臨床と著作になけなしのエネルギーを集中的に投下することに決め、それ以外の社会的活動（著作以外の学術活動や教育的活動）に関しては段階的に減らしていくことに決めました。著作に関しては、新しいアイデアを提示することはできそうにありませんが、私が地を這うような臨床のなかで得た臨床のヒント（ヒントは読者のなかに独自の臨床のアイデアが生起するための触媒に過ぎないことを強調しておきます）を提示することはできそうです。そのヒントを私より若くエネルギーに溢れた臨床家に利用していただけるとしたら、それは望外の喜びです。本書は私の「終活」の一部に位置づけられています。すなわち、本書は、私の「遺言」の第一弾となります（第二弾を刊行することができるかどうかはわかりませんが）。

私はこの歳まで、地を這うような臨床をしてきました。精神分析に負うところは少なくないのですが、私は精神分析の理論をまったく信じていません。私にとって、精神分析の意義は、その理論ではなく設定です。私にとっての精神分析は、出来合いの理論を受け入れることではなく、精神分析の設定を臨床応用して、きわめて個人的な考え（理論と呼ぶのは烏滸がましいので考えとしておきます）を創出する営みです。私が臨床経験から得た知見をもとに組み立てた考えは、他の臨床家にとって、そのままの形では有用とは言えません。本書の目的は、私の臨床経験とそこでの思索の運動性を提示することです。それに喚起され、あるいは、テキストという遊び場で遊ぶことを介して、読者はみずからの臨床経験から独自の考えを築いていただきたいと思います。

最後に、本書の刊行にご尽力いただいた日本評論社の谷内壱勢氏に深謝します。谷内氏の存在なしには本書が日の目を見ることはなかったでしょう。私は本書を谷内氏との共著と考えています。

二〇二四年五月　さて、美しい雛菊の咲き乱れる場所を見つけに行くことにしよう

細澤　仁

【第5章】

（1）Freud, S.（1900）. The interpretation of dreams. In J. Strachey（ed.）（1953）. *The standard edition of the complete psychological works of Sigmund Freud, vol. V（1900–1901）*. Hogarth Press.

（2）Winnicott, D.W.（1970）. Residential care as therapy. In C. Winnicott, R. Shepherd, M. Davis（eds.）（1990）. *Deprivation and Delinquency*. Routledge.（西村良二監訳『愛情剥奪と非行（ウィニコット著作集 第2巻）』岩崎学術出版社、2005年）

【第6章】

（1）Freud, S.（1913）. On Beginning the Treatment. In J. Strachey（ed.）（1958）. *The standard edition of the complete psychological works of Sigmund Freud, vol.XII（1911–1913）*. Hogarth Press.

（2）Freud, S.（1925）. Some psychical consequences of the anatomical distinction between the sexes. In J. Strachey（ed.）（1961）. *The standard edition of the complete psychological works of Sigmund Freud, vol.XIX（1923–1925）*. Hogarth Press.

（3）Winnicott, D.W.（1958）. The capacity to be alone. In（1965）. *The maturational processes and the facilitating environment: studies in the theory of emotional development*. Hogarth Press.（牛島定信訳「一人でいられる能力」『情緒発達の精神分析理論―自我の芽ばえと母なるもの』21–31頁、岩崎学術出版社、1977年）

（4）Winnicott, D.W.（1954）. Metapsychological and clinical aspects of regression within the psycho-analytical set-up. In（1958）. *Collected papers: through paediatrics to psychoanalysis*. Basic Books.（岡野憲一郎訳「精神分析的設定内での退行のメタサイコロジカルで臨床的な側面」北山修監訳『小児医学から精神分析へ―ウィニコット臨床論文集』335–357頁、岩崎学術出版社、2005年）

理論」『情緒発達の精神分析理論—自我の芽ばえと母なるもの』32-56 頁、岩崎学術出版社、1977 年）

【小論】

（1）西園昌久（1970）『薬物精神療法 第 2 版』医学書院
（2）Winnicott, D.W.（1960）. The theory of the parent-infant relationship. In（1965）. *The maturational processes and the facilitating environment: studies in the theory of emotional development*. Hogarth Press.（牛島定信訳「親と幼児の関係に関する理論」『情緒発達の精神分析理論—自我の芽ばえと母なるもの』32-56 頁、岩崎学術出版社、1977 年）

【第 4 章】

（1）Balint, M.（1968）. *The basic fault: therapeutic aspects of regression*. Tavistock Publications.（中井久夫訳『治療論からみた退行—基底欠損の精神分析』金剛出版、1978 年）
（2）Bowlby, J.（1988）. *A secure base: clinical applications of attachment theory*. Routledge.（二木武監訳『母と子のアタッチメント—心の安全基地』医歯薬出版、1993 年）
（3）Freud, S.（1893-1895）. Studies on hysteria. In J. Strachey（ed.)（1955）. *The standard edition of the complete psychological works of Sigmund Freud, vol.II (1893-1895)*. Hogarth Press.
（4）細澤仁（2008）『解離性障害の治療技法』みすず書房
（5）細澤仁（2010）『心的外傷の治療技法』みすず書房
（6）Winnicott, D.W.（1954）. Metapsychological and clinical aspects of regression within the psycho-analytical set-up. In（1958）. *Collected papers: through paediatrics to psychoanalysis*. Basic Books.（岡野憲一郎訳「精神分析的設定内での退行のメタサイコロジカルで臨床的な側面」北山修監訳『小児医学から精神分析へ—ウィニコット臨床論文集』335-357 頁、岩崎学術出版社、2005 年）
（7）Winnicott, D.W.（1956）. Primary maternal preoccupation. In（1958）. *Collected papers: through paediatrics to psychoanalysis*. Basic Books.（小坂和子訳「原初の母性的没頭」北山修監訳『小児医学から精神分析へ—ウィニコット臨床論文集』365-372 頁、岩崎学術出版社、2005 年）
（8）Winnicott, D.W.（1960）. The theory of the parent-infant relationship. In（1965）. *The maturational processes and the facilitating environment: studies in the theory of emotional development*. Hogarth Press.（牛島定信訳「親と幼児の関係に関する理論」『情緒発達の精神分析理論—自我の芽ばえと母なるもの』32-56 頁、岩崎学術出版社、1977 年）

John Bowlby archive. Routledge.（筒井亮太訳『アタッチメントとトラウマ臨床の原点―ジョン・ボウルビィ未発表重要論集』誠信書房、2023年）
（4）Freud, S.（1905）. Three essays on the theory of sexuality. In J. Strachey（ed.）（1958）. *The standard edition of the complete psychological works of Sigmund Freud, vol. VII (1911-1913)*. Hogarth Press.
（5）Freud, S.（1911）. Psycho-analytic notes on an autobiographical account of a case of paranoia. In J. Strachey（ed.）（1958）. *The standard edition of the complete psychological works of Sigmund Freud, vol.XII (1911-1913)*. Hogarth Press.
（6）Freud, S.（1911）. Formulations on the two principles of mental functioning. In J. Strachey（ed.）（1958）. *The standard edition of the complete psychological works of Sigmund Freud, vol.XII (1911-1913)*. Hogarth Press.
（7）Freud, S.（1914）On narcissism: an introduction. In J. Strachey（ed.）（1957）. *The standard edition of the complete psychological works of Sigmund Freud, vol. XIV (1914-1916)*. Hogarth Press.
（8）Freud, S.（1940）. An outline of psycho-analysis. In J. Strachey（ed.）（1964）. *The standard edition of the complete psychological works of Sigmund Freud, vol. XXIII (1937-1939)*. Hogarth Press.
（9）Little, M.I.（1990）. *Psychotic anxieties and containment: a personal record of an analysis with Winnicott*. Mark Paterson and Associates.（神田橋条治訳『精神病水準の不安と庇護―ウィニコットとの精神分析の記録』岩崎学術出版社、1992年）
（10）Winnicott, D.W.（1951）. Transitional objects and transitional phenomena. In（1958）. *Collected papers: through paediatrics to psychoanalysis*. Basic Books.（北山修訳「移行対象と移行現象」北山修監訳『小児医学から精神分析へ―ウィニコット臨床論文集』274-293頁、岩崎学術出版社、2005年）
（11）Winnicott, D.W.（1952）. Psychoses and child care. In（1958）. *Collected papers: through paediatrics to psychoanalysis*. Basic Books.（岡野憲一郎訳「精神病と子どもの世話」北山修監訳『小児医学から精神分析へ―ウィニコット臨床論文集』262-273頁、岩崎学術出版社、2005年）
（12）Winnicott, D.W.（1954）. Metapsychological and clinical aspects of regression within the psycho-analytical set-up. In（1958）. *Collected papers: through paediatrics to psychoanalysis*. Basic Books.（岡野憲一郎訳「精神分析的設定内での退行のメタサイコロジカルで臨床的な側面」北山修監訳『小児医学から精神分析へ―ウィニコット臨床論文集』335-357頁、岩崎学術出版社、2005年）
（13）Winnicott, D.W.（1960）. The theory of the parent-infant relationship. In（1965）. *The maturational processes and the facilitating environment: studies in the theory of emotional development*. Hogarth Press.（牛島定信訳「親と幼児の関係に関する

The maturational processes and the facilitating environment: studies in the theory of emotional development. Hogarth Press.（牛島定信訳「親と幼児の関係に関する理論」『情緒発達の精神分析理論—自我の芽ばえと母なるもの』32-56 頁、岩崎学術出版社、1977 年）
(57) Wolstein, B. (1993). Sandor Ferenczi and American interpersonal relations: historical and personal reflections. In L. Aron, A. Harris (eds.). *The legacy of Sándor Ferenczi*. Analytic Press.

【第 2 章】

（1）Balint, M. (1952). *Primary love and psycho-analytic technique*. Tavistock Publications.（森茂起、枡矢和子、中井久夫共訳『一次愛と精神分析技法』みすず書房、1999 年）
（2）Balint, M. (1959). *Thrills and regressions*. Tavistock Publications.（中井久夫、滝野功、森茂起訳『スリルと退行』岩崎学術出版社、1991 年）
（3）Balint, M. (1968). *The basic fault: therapeutic aspects of regression*. Tavistock Publications.（中井久夫訳『治療論からみた退行—基底欠損の精神分析』金剛出版、1978 年）
（4）Freud, S. (1940). An outline of psycho-analysis. In J. Strachey (ed.) (1964). *The standard edition of the complete psychological works of Sigmund Freud, vol. XXIII (1937-1939)*. Hogarth Press.
（5）Haynal, A. (1989). *Controversies in psychoanalytic method: from Freud and Ferenczi to Michael Balint*. New York University Press.
（6）神田橋条治（1989）『発想の航跡—神田橋条治著作集』岩崎学術出版社
（7）Sklar, J. (2018). *Balint matters: psychosomatics and the art of assessment*. Routledge.
（8）Stewart, H. (1996). *Michael Balint: object relations, pure and applied*. Routledge.（細澤仁、筒井亮太監訳『バリント入門—その理論と実践』金剛出版、2018 年）

【第 3 章】

（1）Bowlby, J. (1980). *Attachment and loss, vol.3, loss sadness and depression*. The Tavistock Institute of Human Relations.（黒田実郎、吉田恒子、横浜恵三子訳『母子関係の理論 Ⅲ対象喪失』岩崎学術出版社、1991 年）
（2）Bowlby, J. (1988). *A secure base: clinical applications of attachment theory*. Routledge.（二木武監訳『母と子のアタッチメント—心の安全基地』医歯薬出版、1993 年）
（3）Duschinsky, R., White, K. (eds.) (2020). *Trauma and loss: key texts from the*

(41) Jung, C.G. (1961). *Memories, dreams, reflections*. Random House. (河合隼雄、藤縄昭、出井淑子訳『ユング自伝—思い出・夢・思想　1』みすず書房、1972年)
(42) Kelley-Laine, K. (2012). "Thalassa to the ocean": from Sandor Ferenczi to Françoise Dolto. In J. Szekacs-Weisz, T. Keve, (ed.). *Ferenczi for our time: theory and practice*. Routledge.
(43) Krüll, M. (1979). *Freud und sein Vater: Die Entstehung der Psychoanalyse und Freuds ungelöste Vaterbindung*. C. H. Beck. (水野節夫、山下公子訳『フロイトとその父』思索社、1987年)
(44) Likierman, M, (2012). The "here-and-now" in Ferenczi's thinking and its influence on Melanie Klein. In J. Szekacs-Weisz, T. Keve, (ed.). *Ferenczi for our time: theory and practice*. Routledge.
(45) Masson, J.M. (1984). *The assault on truth: Freud's suppression of the seduction theory*. Farrar, Straus and Giroux.
(46) 森茂起 (2018)『フェレンツィの時代—精神分析を駆け抜けた生涯』人文書院
(47) 小此木啓吾 (2002)『現代の精神分析—フロイトからフロイト以後へ』講談社学術文庫
(48) Perry, H.S. (1982). *Psychiatrist of America, the life of Harry Stack Sullivan*. Belknap Press. (中井久夫、今川正樹共訳『サリヴァンの生涯２』みすず書房、1988年)
(49) Rachman, A.W. (1993). Ferenczi and sexuality. In L. Aron, A. Harris (eds.). *The legacy of Sándor Ferenczi*. Analytic Press.
(50) Rackman, A.W. (1997). *Sándor Ferenczi: the psychotherapist of tenderness and passion*. Jason Aronson.
(51) Rank, O. (1924). *Das Trauma der Geburt*. (細澤仁、安立奈歩、大塚紳一郎訳『出生外傷』みすず書房、2013年)
(52) Rudnytsky, P.L., Bokay, A. Giampieri-Deutsch, P. (eds.) (1996). Ferenczi's turn in psychoanalysis. New York University Press.
(53) Shapiro, S.A. (1993). Clara Thompson: Ferenczi's messenger with half a message. In L. Aron, A. Harris (eds.). *The legacy of Sándor Ferenczi*. Analytic Press.
(54) Stanton, M. (1990). *Sándor Ferenczi: reconsidering active intervention*. Free Association Books.
(55) Tonnesmann, M. (2012). Early emotional development: Ferenczi to Winnicott. In J. Szekacs-Weisz, T. Keve, (ed.). *Ferenczi for our time: theory and practice*. Routledge.
(56) Winnicott, D.W. (1960). The theory of the parent-infant relationship. In (1965).

Sigmund Freud, vol.III (1893-1899). Hogarth Press.

(26) Freud, S. (1896). The aetiology of hysteria. In J. Strachey (ed.) (1962). *The standard edition of the complete psychological works of Sigmund Freud, vol.III (1893-1899)*. Hogarth Press.

(27) Freud, S. (1905). Three essays on the theory of sexuality. In J. Strachey (ed.) (1958). *The standard edition of the complete psychological works of Sigmund Freud, vol.XII (1911-1913)*. Hogarth Press.

(28) Freud, S. (1906). My views on the part played by sexuality in the aetiology of the neuroses. In J. Strachey (ed.) (1958). *The standard edition of the complete psychological works of Sigmund Freud, vol.XII (1911-1913)*. Hogarth Press.

(29) Freud, S. (1911). Formulations on the two principles of mental functioning. In J. Strachey (ed.) (1958). *The standard edition of the complete psychological works of Sigmund Freud, vol.XII (1911-1913)*. Hogarth Press.

(30) Freud, S. (1914) On the History of the Psycho-Analysis Movement. In J. Strachey (ed.) (1957). *The standard edition of the complete psychological works of sigmund Freud, vol.XIV (1914-1916)*. Hogarth Press.

(31) Freud, S. (1925). An Autobiographical Study. In J. Strachey (ed.) (1958). *The standard edition of the complete psychological works of Sigmund Freud, vol.XX (1925-1926)*. Hogarth Press.

(32) Freud, S. (1985). *The complete letters of Sigmund Freud to Wilhelm Fliess, 1887-1904*. Belknap Press.

(33) Freud, S., Breuer, J. (1895). Studies on hysteria. In J. Strachey (ed.) (1955). *The standard edition of the complete psychological works of Sigmund Freud, vol.II (1893-1895)*. Hogarth Press.

(34) Freud, S., Ferenczi, S. (2000). *The correspondence of Sigmund Freud and Sándor Ferenczi, Vol. 3, 1920-1933*. Belknap Press.

(35) Fromm, E. (1959). *Sigmund Freud's mission: an analysis of his personality and influence*. Harper.（佐治守夫訳『フロイトの使命』みすず書房、1959年）

(36) Gay, P. (1988). *Freud: a life for our time*. W.W. Norton.（鈴木晶訳『フロイト1・2』みすず書房、1997年、2004年）

(37) 細澤仁（2008）『解離性障害の治療技法』みすず書房

(38) Haynal, A. (1989). *Controversies in psychoanalytic method: from Freud and Ferenczi to Michael Balint*. New York University Press.

(39) Haynal, A.E. (2002). *Disappearing and reviving: Sándor Ferenczi in the history of psychoanalysis*. Karnac.

(40) Jones, E. (1957). *The life and work of Sigmund Freud*. Hogarth Press.（竹友安彦、藤井治彦訳『フロイトの生涯』紀伊國屋書店、1969年）

集』151-218 頁、岩崎学術出版社、2007 年）
(14) Ferenczi, S. (1924). Thalassa: a theory of genitality.（小島俊明訳「タラッサ」澁沢竜彦編『全集・現代世界文学の発見 第7 性の深淵』学藝書林、1970 年）
(15) Ferenczi, S. (1925) Contra-indications to the 'Active' psycho-analytical technique.（森茂起、大塚紳一郎、長野真奈訳「積極的精神分析技法の禁忌」『精神分析への最後の貢献―フェレンツィ後期著作集』43-55 頁、岩崎学術出版社、2007 年）
(16) Ferenczi, S. (1928) The elasticity of psycho-analytic technique.（森茂起、大塚紳一郎、長野真奈訳「精神分析技法の柔軟性」『精神分析への最後の貢献―フェレンツィ後期著作集』57-70 頁、岩崎学術出版社、2007 年）
(17) Ferenczi, S. (1930). The principle of relaxation and neocatharsis. *The International Journal of Psychoanalysis* 11: 428-443.（森茂起、大塚紳一郎、長野真奈訳「リラクセイション原理と新カタルシス」『精神分析への最後の貢献―フェレンツィ後期著作集』105-121 頁、岩崎学術出版社、2007 年）
(18) Ferenczi, S. (1931). Child-analysis in the analysis of adults. *The International Journal of Psychoanalysis* 12: 468-482.（森茂起、大塚紳一郎、長野真奈訳「大人と子どもの分析」『精神分析への最後の貢献―フェレンツィ後期著作集』123-138 頁、岩崎学術出版社、2007 年）
(19) Ferenczi, S. (1933). Confusion of tongues between adults and the child. *Internationale Zeitschrift für Psychoanalyse* 19: 5-15.（森茂起、大塚紳一郎、長野真奈訳「大人と子どもの間の言葉の混乱―やさしさの言葉と情熱の言葉」『精神分析への最後の貢献―フェレンツィ後期著作集』139-150 頁、岩崎学術出版社、2007 年）
(20) Ferenczi, S. (J. Dupont ed.) (1985). The clinical diary of Sándor Ferenczi.（森茂起訳『臨床日記』みすず書房、2000 年）
(21) Ferenczi, S., Rank, O. (1923). Entwicklungsziele der psychoanalyse.
(22) Flaskay, G. (2012). From patient to founder of a psychoanalytic school: Ferenczi's influence on the works of Melanie Klein. In J. Szekacs-Weisz, T. Keve, (ed.). *Ferenczi for our time: theory and practice*. Routledge.
(23) Fortune, C. (1993). The case of "RN": Sándor Ferenczi's radical experiment in psychoanalysis. In L. Aron, A. Harris (eds.). *The legacy of Sándor Ferenczi*. Analytic Press.
(24) Freud, S. (1894). The neuro-psychoses of defence. In J. Strachey (ed.) (1962). *The standard edition of the complete psychological works of Sigmund Freud, vol.III (1893-1899)*. Hogarth Press.
(25) Freud, S. (1896). Further remarks on the neuro-psychoses of defence. In J. Strachey (ed.) (1962). *The standard edition of the complete psychological works of*

参考文献

【第1章】

(1) Aron, L., Harris, A. (eds.) (1993). *The legacy of Sándor Ferenczi*. Analytic Press.

(2) Bacciagaluppi, M. (1993). Ferenczi's influence on Fromm. In L. Aron, A. Harris (eds.). *The legacy of Sándor Ferenczi*. Analytic Press.

(3) Balint, M. (1968). *The basic fault: therapeutic aspects of regression*. Tavistock Publications.（中井久夫訳『治療論からみた退行―基底欠損の精神分析』金剛出版、1978年）

(4) Balmary, M. (1979). *L'homme aux statues: Freud et la faute cachée du père*. Grasset.（岩崎浩訳『彫像の男―フロイトと父の隠された過ち』哲学書房、1988年）

(5) Blum, H.P. (1994). The confusion of tongues and psychic trauma. *The International Journal of Psychoanalysis* 75: 871-882.

(6) Bonomi, C. (1999). Flight into sanity: Jones's allegation of Ferenczi's mental deterioration reconsidered. *The International Journal of Psychoanalysis* 80(3): 507-542.

(7) Borgogno, F. (2001). Elasticity of technique: the psychoanalytic project and the trajectory of Ferenczi's life. *The American Journal of Psychoanalysis* 61: 391-407.

(8) Bowlby, J. (M. Bacciagaluppi ed.) (2013). *The milan seminar: clinical applications of attachment theory*. Routledge.（筒井亮太訳『アタッチメントと親子関係―ボウルビィの臨床セミナー』金剛出版、2021年）

(9) Breger, L. (2000). *Freud: darkness in the midst of vision*. Wiley.（後藤素規、弘田洋二監訳、大阪精神分析研究会訳『フロイト―視野の暗点』里文出版、2007年）

(10) Ferenczi, S. (1902). Female sexuality.

(11) Ferenczi, S. (1913). Stages in the development of the sense of reality.

(12) Ferenczi, S. (1920). The further development of an active therapy in psychoanalysis.（森茂起、大塚紳一郎、長野真奈訳「精神分析における「積極技法」のさらなる拡張」『精神分析への最後の貢献―フェレンツィ後期著作集』1-20頁、岩崎学術出版社、2007年）

(13) Ferenczi, S. (1920 and 1930-1932). Notes and fragments.（森茂起、大塚紳一郎、長野真奈訳「断片と覚書」『精神分析への最後の貢献―フェレンツィ後期著作

著者紹介

細澤　仁（ほそざわ・じん）
フェルマータ・メンタルクリニック院長、アイリス心理相談室代表。精神科医。
1963年生まれ。1988年京都大学文学部卒業、1995年神戸大学医学部医学科卒業。
兵庫教育大学大学院学校教育研究科教授、椙山女学園大学大学院人間関係学研究科教授などを経て、現職。

○刊行物
2000. 5 『トラウマへの探究』作品社、共訳
2008. 7 『解離性障害の治療技法』みすず書房、単著
2008. 10『ナルシシズムの精神分析』岩崎学術出版社、共著
2009. 5 『罪の日本語臨床』創元社、共著
2010. 8 『精神分析と美』みすず書房、監訳
2010. 10『心的外傷の治療技法』みすず書房、単著
2012. 4 『松木邦裕との対決』岩崎学術出版社、編著
2012. 7 『実践入門解離の心理療法』岩崎学術出版社、単著
2013. 4 『実践入門思春期の心理療法』岩崎学術出版社、単著
2013. 8 『出生外傷』みすず書房、共訳
2013. 11『精神分析を語る』みすず書房、共著
2015. 4 『不健康は悪なのか』みすず書房、共訳
2015. 8 『実践学生相談の臨床マネージメント』岩崎学術出版社、単著
2017. 3 『日常臨床に活かす精神分析』誠信書房、共編著
2018. 11『バリント入門』金剛出版、共訳
2019. 9 『ドナルド・ウィニコット』誠信書房、監訳
2020. 6 『R.D. レインと反精神医学の道』日本評論社、共訳
2020. 10『実践に学ぶ30分カウンセリング』日本評論社、共編著
2021. 5 『文化・芸術の精神分析』遠見書房、共編
2021. 8 『アタッチメントと心理療法』みすず書房、共訳
2022. 5 『ハリー・スタック・サリヴァン入門』創元社、共訳
2022. 10『日常臨床に活かす精神分析２』誠信書房、共編著
2023. 8 『トラウマとの対話』日本評論社、共著
2023. 9 『無意識の発達』日本評論社、共訳
2023. 10『寄り添うことのむずかしさ』木立の文庫、共編著
2024. 4 『こころの秘密が脅かされるとき』創元社、共訳

退行《たいこう》を扱《あつか》うということ――その理論《りろん》と臨床《りんしょう》

2024年9月20日　第1版第1刷発行

著　者　細澤　仁
発行所　株式会社日本評論社
〒170-8474　東京都豊島区南大塚3-12-4
電話 03-3987-8621（販売）　-8598（編集）
印刷所　港北メディアサービス株式会社
製本所　牧製本印刷株式会社
装　幀　山田英春
検印省略　
ISBN 978-4-535-56435-0　Printed in Japan